「初対面なのに
気がついたら
長話になっていた
という人が、
チャンスをつかむ。

中谷彰宏

あきひろ

この本は、
3人のために
書きました。

□ 能力があるのに、
会話で損をしている人。

□ 自分の気持ちを、うまく伝えることができなくて、
誤解されてしまう人。

□ 大切な人の口下手を、
解決してあげたい人。

01

プロローグ

社会に出たら、能力より、会話力で差がつく。

21世紀に生き延びていくためには、**貯金するより会話の力をつけること**です。

英会話はお金を払って習うのに、日本語の会話をお金を払って習いに行く人はいません。

戦争時代は、腕力で勝負がつきました。

平和の時代は、会話力で勝負がつきます。

TVでオネエキャラが強いのは、会話力があるからです。

頭の回転が速いので、会話のスピードも圧倒的に速いです。

オネエキャラがTVで重宝されるのは、みんなと同じことを言わないからです。

あの人を巻きこむ具体例

01

貯金するより、会話力を学ぼう。

みんなが心の中で思っていても言えないことが言えるのです。
辛口なことを言っても、フォローする話術があります。
サラリーマン的にペコペコしている人は、ＴＶでは使えません。
面白くないからです。
ここで言う「会話」は、結果を出すための会話です。
会社で普通に仕事をしているだけでは、ペコペコする会話しか覚えられません。
実は、戦国時代の腕力や剣の力と同じぐらい、会話の力で差がつくのです。
会話は、学校では教えられません。
読み書き・ソロバンができる学校の中での優等生は、社会では結果が出せないのです。
社会で最も必要なのは、話す力と聞く力なのです。

結果を出す人の話し方

あの人を巻きこむ53の具体例

あの人を巻きこむ53の具体例

12 根回しで、障害物を取り除こう。
13 下の人には丁寧に話そう。
14 未来の話をしよう。
15 相手のイヤな話題をしない。
16 相手が自分で気づいていないことに、触れよう。
17 表情豊かに聞こう。
18 英語力より、論理力をつけよう。
19 自分のキャラと逆の話題をしよう。
20 エレベーターの中で、仕事以外の話をしよう。
21 苦手な人と、話そう。
22 ネタ帳をつくっておこう。
23 相手の持ち物をテーマに話そう。
24 待ち時間に、話そう。
25 スピーチの前には、誰かと話しておこう。

40 パンチに、前に出よう。
41 断る理由は、ひと言で言おう。
42 「そうですね」を入れない。
43 グチより、チャンスを語ろう。
44 近況報告より、アイデアを語ろう。
45 興味ない話こそ、真剣に聞こう。
46 受け身ではなく、能動で話そう。
47 普通の話を、面白く話そう。
48 「みたいな」より、言い切ろう。
49 接続詞は、前の文章につけて話そう。
50 お辞儀で逃げない。
51 息をとめて、イニシアチブを握ろう。
52 発声法より、呼吸法を習おう。
53 伝えるのではなく、巻きこもう。

結果を出す人の話し方　目次

Chapter 2
話し方ひとつで、いつのまにか差がつく。

Chapter 3

また会いたいと思わせる人が、結果を出している。

Chapter 4

チャンスをくれる人は、チャンス話を待っている。

Chapter 5
面白い体験を探すのではなく、面白い話し方を学ぶ。

Chapter 1

稼げる人の話し方は、ここが違う。

02

「儲かりますよ」と誘う人は、チャンスを失っている。

世の中では、結果を出している人同士が仕事をしています。

結果を出していない人同士も仕事をしています。

今結果を出していない側にいる人にとって大切なのは、結果を出す人といかに仕事をしてもらえるかです。

私は仕事を依頼される時に、「この仕事をすると儲かりますよ」という話は全部断ります。

たとえば、ビル・ゲイツやウォーレン・バフェットのような結果を出している人に、「あなたと仕事をしたい」と思ってもらえることが大切なのです。

ビル・ゲイツに「この仕事は儲かりますよ」と持ちかけても、受けてもらえません。

仕事を頼みに行った人が結果を出すには、もうすでに結果を出している人とコラボして一緒に仕事をしてもらえることが大原則です。

「この仕事は儲かりますよ。誰かしませんか」と誘うと、結果を出していない人が集まります。

結果を出していない人が一番求めるのは、儲けることです。

結果を出していない人とコラボをしても、結果は永遠に出せません。

結果を出している人とコラボしてもらおうとしても、「儲かりますよ」と言った時点で、「この人は儲けたことがないんだな」とわかります。

その誘い方は、すでにチャンスを失っているのです。

講演会の依頼で、「こうするとお客様がたくさん集まって、先生のブランドイメージがアップしますよ」と言われることがあります。

そう言うことで相手がのってくるという思い込みがあるのです。

これは、失礼な表現です。

ところが、言っている側は失礼とは思っていません。

そういう人に限って専門がマーケティングで、「相手はこれを求めているだろう」と思い込んで仕事を依頼します。

ウォーレン・バフェットに「この仕事をすると儲かりますよ」と言うのは、マーケティング的に間違っています。

「さんざん儲けているから、儲けには興味ない」と思っている相手に、「まだ儲け足りないと思っているの？」というマイナスの印象を与えてしまうからです。

相手が「この人と仕事をしてみよう」と思うかどうかは、誘われ方次第です。

どのように誘うかで、誘っている人の意識のレベルが見透かされます。

相手に「こういうメリットがあります」と言うことも必要です。

そのメリットは、**お金以外のもので言ったほうがより印象がよくなる**のです。

あの人を巻きこむ具体例

02

お金以外のメリットを話そう。

03 質問を2つ続ける人は、行動しないので、稼げない。

結果を出す人は、アドバイスを受けると「わかりました。早速してみます」と即始めます。

結果を出せない人は、質問がさらに続きます。

何か質問をされてアドバイスをした時に、そのあと、結果を出す人と結果を出せない人とにくっきりと分かれます。

たとえば、『儲かりますよ』という誘い方は結果を出している人にはマイナスだから、お金以外のメリットを言いましょう」とアドバイスをしました。

「そうか、お金以外のメリットか」と、早速行動する人は結果を出せる人です。

結果を出せない人は、「早速します」とは言いません。

「お金以外のメリットはどう探せばいいんですか」と、また質問をします。

2回目の質問にもガマンして「こうして探せばいいんですよ」とアドバイスしても、「それをするにはどうしたらいいんですか」と、質問がずっと続くのです。

結果を出す人の質問は、1回までです。

質問を2回以上する人は、質問をしたいのではなく、質問があるおかげで行動せずにすんでいるだけです。


会話は、すべて行動のためにあるのです。

目的は、会話をすることではなく、行動することです。

勉強も同じです。

勉強を目的にしないことです。

勉強は行動するための手段です。

たとえば、「お会いしたいのですが」と言われるだけでは、私は相手に会いません。

会うことがその人の目的だからです。

私は行動するためなら会います。

出版社の人から「ご挨拶に伺いたい」と言われた時も、私は会いません。

企画の相談なら喜んで会います。

行動ではなく挨拶が目的になっていると、その時間がムダになります。

結果を出している人は、挨拶に時間を使いません。

挨拶を目的にする人は、「行動しない人のグループ」、「結果を出していない人」と、判断されてしまいます。

常に「アドバイスを1つ聞いたら、即行動する」ことが大切なのです。

あの人を巻きこむ具体例

03

アドバイスを1つ聞いたら、行動しよう。

04

雑談は、教養で差がつく。

よく「雑談が大切」と言われます。
その雑談の定義は、あやふやです。
雑談とは、さりげない教養を感じる話です。
「この人と一緒に仕事をしよう」と思う動機は、相手に教養があるかどうかです。
世の中で結果を出している人と出していない人とでは、圧倒的な差があります。
結果を出している人は、教養があります。
結果を出していない人は、教養がありません。
教養は、結果を出した人の余裕として生まれます。

教養を身につけるには、時間的にも、経済的にも、精神的にも、余裕が必要です。

まだ結果を出していない人は、「そんなことまでしているヒマがない。日ゼニを稼がないといけないから、モノを売るために営業に行く」と言います。

そういう人は、美術館に行っているヒマがありません。

美術館に行けるということは、その人が結果を出しているあかしなのです。

「我が社はこのように実績があって」と、会社の業績の棒グラフを見せても、結果を出している人は、そういうデータをいっさい信用しません。

結果を出している人に信用してもらえる会話は、教養のある話です。

お客様のところに行った時に、「今、○○の美術館で△△展を開催していまして、見てきましたが、やっぱりホンモノはすごいですね」という話ができるかどうかです。

社長室には必ず絵がかけてあったり、茶器が置かれています。

そういうものにひと言も触れず、棒グラフを見せたところで、結果を出している人は、そんなデータの数字にはだまされません。

社長室に飾られている絵や茶器について語れるのが教養のある人です。

たとえば、就活のフリートークで「好きなものはなんですか」という質問があります。

これは趣味を聞いているのではありません。

教養を聞かれているのです。

そこで「最近、やっぱりAKBですかね」と言うか、「最近、リストがしみじみとしてきました」と言うかで、印象は変わります。

この質問は、付け焼刃では効きません。

リストの話題を出すと、「リストが好きなの？　誰の指揮が好き？」と聞かれます。

好きな指揮者を答えると、「どの時の演奏が好き？」と聞かれます。

少なくともこの2つは、ポンポンと次に来る質問です。

付け焼刃の人は、答えられずに「ごめんなさい」と言うことになります。

そうすると、「知らないのに語るな。それだったら最初からAKBが好きと言ってくれ」と反感を買ってしまいます。

相手に好かれようと思ってムリにする会話は、関西人ではない人が話す関西弁と同じです。
「それだったら標準語で話してくれ」と言われる状況です。
ヘンな関西弁は、関西人に一番不快感を与えます。
「関西人をバカにしているのか」という気持ちになるのです。
ところが、話し手はよかれと思って関西弁を使うのです。
ここに両者のズレがあります。
教養ネタは時間をかけて増やすことです。
オールジャンルである必要はありません。
自分の好きな1分野の教養ネタを持っておけばいいのです。

あの人を巻きこむ具体例
04
教養ネタを、話そう。

05
コメントは、分析・肯定・生き方を話す。

コメントとは、意見です。

コメント力は、TVのコメンテーターでなくても、一般企業でも求められます。

いいコメント力のある人は、「また君のコメントを聞きたい」と、会議や会食に呼ばれます。

結果を出している偉い人から、「ちょっと君の意見を聞きたい」と言われるようになります。

TVでコメンテーターの仕事をする時、私が気をつけていることが4つあります。

① 街と違う意見を言う

新橋で拾った意見と同じ意見は、TVに出ているプロのコメンテーターが言うべきことではありません。

街で聞く意見と同じなら、コメンテーターはいらないのです。

② 否定的な意見より、肯定的な意見を言う

否定的な意見を言うのは簡単です。

街場の意見は全部否定なのです。

③ 感情的な意見より、分析的な意見を言う

感情的な意見を言うのは簡単で、ほかの人とかぶってしまうからです。

④ 情報より、生き方につながる意見を言う

情報は、その分野の人しか有効活用できません。

別の業界の人には参考にならないのです。

生き方は、ＴＶを見ている1億２０００万人全員に有効です。

世の中で流れている情報は、厳しい情報のほうが圧倒的に多いです。

大切なのは、「その中で、われわれ１人１人はどのように生きていけばいいか」という生き延び方を伝えることです。

そうすると、ＴＶを見て、そのコメントを聞いた人は「よかった」と安心するのです。


本を書く時も、私はこの姿勢を貫いています。

プロのコメンテーターの意見を聞くと、「そんな見方もあるんだ」と気づくことがあります。

それがシロウトの意見と違うところです。

みんなと同じ意見や、人とかぶる意見を言う人は、誰からも呼ばれなくなります。

情報化社会において、ネットで入ってくる情報は、みんなと同じ街の意見であり、否定的・感情的であり、単なる「情報」にすぎないのです。

出版社は、みんなと同じ意見が書かれている本は出しません。

ところが、本を出したい人の大半の原稿は、みんなの意見をまとめたものです。

究極は、ホームルームにおける「○○さんの意見と同じです」と言う人です。

こういう人は、最もブレストに呼びたくない人です。

そんな人の意見を本には書きません。

すでに出版された本の中にあることを、改めて書く必要はないからです。

結果を出している人は、みんなと同じ意見を言う人を仲間に入れません。

「へえ、そんな見方があるんだ」と気づけるような、みんなと違う意見が求められているのです。

あの人を巻きこむ具体例

05

そんな中、「どうすれば生き残れるか」を話そう。

06

正確に話すと、わかりにくくなる。

いい人なら、結果を出す人に話を聞いてもらえるというわけではありません。
いい人の話し方は、正確です。
ところが、正確に話すとわかりにくいのです。
わかりやすい話は、話の正確さを欠いています。
私は大学時代、早稲田の第一文学部の演劇科で映画を専攻していました。
授業の中で、みんなが見た映画について語るという発表の時間がありました。
各学年に1人は、たくさん映画を見ている学生がいました。
たくさん映画を見ているのに、気の毒なことに何を言っているのかわからない人がいました。

それは、見た映画を正確に語ろうとしたからです。

映像で見るとわかることを、言葉に置きかえる時に正確に話してしまうと、何が重要で何が重要でないかがわかりにくいので伝わらなくなります。

学者やお医者さんの説明がわかりにくいのは、正確に話そうとするからです。

話をザクッと切り捨てることができないのです。

結果を出す人の仲間入りをしたいと思うなら、まず正確さよりもわかりやすさを優先することです。

わからない話は、徐々に正確さを増していくことができます。

最初にわからない正確な話は、1つもわかるようにはなりません。

「正確で、かつ、わかりやすい」というのはムリだと断念することです。

この典型例は、地図です。

まじめな人の地図はわかりにくいです。

地図は、ウソを書かないとわからないのです。

世界地図がわかりやすいのは、大ウソだからです。

世界地図は、3次元の地球を2次元に表現しています。

グリーンランドがあんなに大きいわけがありません。

インドは、実際はもっと大きいです。

世界地図は、2次元では正確に表現できないのです。

「地図を書いて」と言われた時に、細かく書きすぎて、いらない情報まで入っていると、わかりにくい地図になります。


企画書でも、正確さを優先するとわかりにくくなります。

「正確さ」は、意図がありません。

正確な情報を書いた地図は、どこを訪ねてもいいようにできています。

不特定多数のフリーサイズの服と同じです。

「わかりやすさ」は、「今相手にとって何が大切か」という意図があります。

これが、「正確さ」と「わかりやすさ」の違いなのです。
たとえば、「水王舎への行き方を教えてください」と言われました。
その時の地図は、水王舎にたどりつければいいのです。
ポイントとなる曲がり角のコンビニが書かれていればOKです。
それ以外のコンビニを書く必要はまったくありません。
「ここで安売りをしている」というスーパーの情報もいらないのです。

あの人を巻きこむ具体例

06

正確さより、わかりやすさを優先しよう。

07

メール情報は、対面の1割だ。

情報化社会は、ネット情報が便利であふれ返る時代です。

だからこそ、対面における会話力が必要になるのです。

メールの情報と対面における会話では、同じ分量の情報なら、対面における情報のほうが10倍多いです。

わかりやすく言えば、ネットは、相手がどういう表情で読んでいるかが書き手にはわかりません。

対面で話していると、相手のリアクションがすぐにわかります。

日本語のいいところは、相手の聞いている表情を見て、言い方をまろやかにしたり、

「のってきたな」と思ったら攻めてみたり、途中で対応を変えられることです。

究極は、肯定しようと思っていたことを否定することもできます。

対面で話すと、そういう操作性があるのです。

対面でしかわからないニュアンスは、文字情報になった時に消えてしまいます。

文字にならない部分まで含まれているのが、対面における会話です。

「今はネット社会で文字情報があふれているから文字ですべて片がつく。いちいち会って直接話す時間がもったいない」という考えは間違っています。

世界でスパイ活動をしている諜報機関は、いまだに対面でやりとりをします。

文字情報に頼らないのです。

その理由の1つは、記録に残さないためです。

もう1つの圧倒的に大きい理由は、**直接会わないとわからないことがある**からです。

結果を出す人と出せない人は、対面で話せるかどうかで差がつくのです。

あの人を巻きこむ具体例

07

対面で、話そう。

08

時間軸・空間軸を広げて、説得する。

なぜお客様は買ってくれないのでしょうか。
それは、説得の仕方がヘタだからです。
相手は、自分は正しいという思いで「この商品は買わない」と言っています。
「そこをなんとか買ってくださいよ」と言っても、相手がイヤがっていてはムリです。
相手は、きちんとメリット・デメリットを計算しています。
メリットよりデメリットが多い場合にお断りするのです。
デメリットが多いのに押し込もうとすることは不可能です。
万が一ムリヤリ押し込むと、相手に対して借りが発生します。

決して儲けにはなりません。

説得する時は、相手が計算しているメリット・デメリットの中で、メリットが増えるようにします。

そのために会話が必要なのです。

どんなに価値があるものでも、相手が知らないことは価値がないのと同じです。

結果を出す人は、時間と空間を広げて説得します。

相手が「この商品は、今自分が使っている商品より高いからイヤだ」と言う判断は、正しいです。

値段というデメリットがメリットより大きく見えるからです。

時間軸を広げて説得するというのは、「この商品は、今までお使いの商品よりも10年長持ちします」と、時間のレンジを伸ばしてあげることです。

そうなれば「10年で割ればこっちのほうが得」というメリットが生まれます。

「この商品は掃除の手間がかからない」というのもメリットの1つです。

今までの掃除機は、ゴミを出す時に手が汚れるということで主婦は困っていました。今の掃除機は、手が汚れないように変わっています。

「この掃除機を使うと掃除の時間が減ります。その分、子どもと遊ぶ時間ができるから、この掃除機を買うと奥さんが喜びますよ」というのが、空間軸を広げる説得です。自分だけでなく、奥さんや子どもにもメリットがあるという展開が、空間的な広がりです。

物事を判断する時は、「今、ココ」という時間と空間が狭い中でのメリット・デメリットを計算しがちです。

それを広げた形にしてあげればいいのです。

たとえば、ダンスを習うかどうか迷っている人がいます。

その人は、「ダンスを習っても、舞踏会はないし、大使館のパーティーに招ばれることもないからなあ」と、メリットを感じられないで悩んでいるのです。

その時に「ダンスを習うと日常生活の立ち居ふるまいがオシャレになりますよ」という説得は、空間的な広がりです。

「今ここで習っておくと、この先50年、あなたは美しい歩き方、美しい姿勢でいられますよ」という説得は、時間的な広がりです。

ジャパネットたかたの高田さんは、ビデオカメラを売る時に「これだときれいに写ります」とは言いません。

「このビデオカメラで撮影すると、お孫さんの運動会がブレずに撮れます。お孫さんに喜ばれますよ」

「パソコンを買って、その映像を取り込んで、映像をお孫さんに送ることもできます。そうすると、お孫さんとやりとりができますよ」

と、空間的な広がりのある説得をします。

相手に使い方を教えてあげるのです。

機能はわかっても、それを使ったメリットがわからなければ、買う気にはなりません。

相手が欲しいのは、機能ではありません。

それを使った自分がどう変わるかです。

説得で一番大切なことは、話し手がウソではなく、「これは相手に絶対メリットがある」と本気で感じていることです。

相手のためにムリからにつくったメリットでは説得できません。

泣きの営業は、自分のためであって、相手のメリットにはならないのです。

あの人を巻きこむ具体例

08

本気で、相手のプラスになると信じて話そう。

09 具体的に聞き、具体的に答えるためには、考えないとできない。

最も説得力があるのは、具体的に話すことです。

抽象的な話で返すのは、抽象論は何も考えずにすむからです。

具体的に相手の話を聞き、具体的に置きかえて相手に答えることが大切です。

会話のキャッチボールは、常に抽象的な話を具体的に変換する必要があります。

その変換を相手に求めないことです。

「この商品はたとえばどんな使い方ができますか」「この商品のこの機能でどんな使い方をされますか」と、ジャパネットの高田さんが聞くのはおかしいです。

「たとえばどうすることですか」と聞く人は、何も考えていません。

話すことは、自分の頭で考えることです。

「自分ならどう使うだろうか」と、自分に検索をかけるのです。

情報化社会で、会話力がなくて結果が出せなくなっている人の大半は、インターネットに検索をかけます。

インターネットで探しても、答えは見つかりません。

インターネットでわかることは、すでに相手も知っている情報です。

相手が知らない情報は、自分の体験に落とした検索です。

話が面白くない人の情報源は、TV・新聞・ネットの3つです。

TVと新聞とネットが、世の中の1％の人にしか見られないメディアであるなら有効です。

ところが、実際は世の中の99％の人が見ているのです。

TVや新聞やネットによる情報を話しても、「この人、とうとうと語っているけど、この間、池上さんが言ってたことだよね」「林修先生が言ってたことだよね」と思われて終わりです。

それとは違って、自分の体験は自分しかしていないことです。

みんなが接していないメディアは自分自身です。

自分の体験から語ることが一番相手に刺さるのです。

結果を出す人が聞きたいことは、相手の体験談です。


私は、亡くなられた船井総研の船井幸雄さんに初めてお会いした時、キャバクラのビジネスモデルの話を1時間しました。

船井さんは面白がって聞いてくださいました。

秘書の人が「船井が1時間、黙って聞いていたのは初めてです」と驚いていました。

いつもは船井さんが話して、相手が聞いている状態だったからです。

私としては、「せっかく船井幸雄さんという大御所と会っているので、船井さんが体験していない、参考になるであろう話をしよう」というサービス精神で話したのです。

ほとんどの人は、「船井先生の本のこの話に感動しました」という話をします。

そのおべんちゃらは、相手にとってなんのメリットにもなりません。船井先生の前でキャバクラの話ができない人は、「そんな話をしたら失礼だ」と思っているのです。

むしろ、おべんちゃらで時間をつぶすほうが失礼です。

著者に「船井先生の本のここにこんなことが書いてありますよ」と教えても意味がありません。

虎屋に、「とらやの羊羹」を持っていくようなものです。

それなら「最近こんな面白い和菓子が出ていますよ」と持っていったほうがいいのです。

ところが、たいていの人は「それは失礼だ」と感じてしまうのです。

ネットの中における情報は、どんなに珍しいものを見つけたと思っても、検索の上に上がっているから見つかっているのです。

有名なものやＴＶの番組は、みんなが見ています。

それをびっくりしたように語る時点で、結果を出す人から、「この人は珍しい情報を持っていないな」と判断されるのです。

あの人を巻きこむ具体例

09

具体的に話そう。

10 「仕事は何をしてるんですか」「今は、何もしていません」でチャンスをなくす。

たとえば、中谷塾に初めてきた生徒に「仕事は何しているの？」と聞くと、「郵便配達をしています」と言いました。

郵便配達の人には、たいていの人が接しています。

私は、初めて聞いた職業の人には「感じがいいと思うのはどういう人ですか」と聞くようにしています。

それによって、「知らずしらずのうちに嫌われるようなことをしていないか」というマナーを学べるからです。

これは、自分の家に配達に来た人には直接聞けないことです。

その時も「自宅に直接届けなくてはいけない時に、感じがいいと思うのはどういう人ですか」と聞くと、「最近、フルネームでサインしてもらわなければいけないものがあるんです。その時にスッと書いてくれる人はすごいうれしいです」と教えてくれました。

以前は、フルネームでサインを求められなかったので、「フルネームで書いてください」と言うと、「フルネームで書かなきゃいけないの？」と聞き返す人がいるそうです。

悪意なく言っていても、その一言で相手に「すみません」と謝らせる人は、チャンスをなくしています。

「フルネームなんですね。わかりました。いつもご苦労さまです」と書いてくれる人と、圧倒的な差が生まれるのです。

話し方がうまくなるコツは、初めて会った職業の人に**「どういう人が感じいいですか」**と聞くことです。

「どういう人が感じ悪いですか」と聞いても答えは返ってきません。

感じ悪い人について語るのは、自分がイヤな人になってしまうので言えません。

「どんな人が感じいいですか」と聞けば相手は話しやすいし、必然的に「感じ悪い人」の答えも出るのです。

世の中には、人と接しない仕事をしている人もいます。

中谷塾に来たのは、電力会社で電線の保守をしている人でした。

ふだん、なかなかめぐり会えない人です。

「あんな危険な仕事をする時に一番大切なことはなんですか」と聞くと、「下を見ないこと。命綱を信じること」と言っていました。

命綱を信じないと、命綱に体重をかけられません。

そうすると、よけいに落ちやすくなるのです。

「命綱を信じることで命綱に体重をかけられる」というのは、武道の達人から聞くような深い話です。

これは誰にでも参考になります。

すべての職業に命綱はあります。

命綱を信頼していないことによって、よけい事故が発生するのです。

仕事の話は、会話の中で最初にする質問です。

「今は何もしていません」と言うのは、返し方がヘタな人です。

人生の中では、そういう状態もあります。

ビジネススクールは、これから独立するために起業の準備中という人がたくさんいます。

たしかに今は会社を辞めて何もしていない状況でも、「今は何もしていません」と言うと、次の会話が展開しません。

もう1つ、損をする会話は「起業準備中」です。

これでは、返しようがありません。

「前まで出版社で働いていました」と言えば、会話のキッカケが生まれます。

「していないこと」ではなく、「していたこと」「していること」を言うことによって

会話が続くのです。

同じ質問でも、返し方1つで、その会話が続くのか途切れるのか大きく分かれます。

「前まで○○していたんですが」と言われると、面白い仕事なら話をいろいろ聞きたくなります。

名刺によく「起業準備中」と書かれていることがあります。

あれが一番何を聞いていいかわかりません。

「そうですか。じゃあ、また何かありましたらよろしくお願いします」で、ゲームオーバーになるのです。

あの人を巻きこむ具体例

⑩

「していないこと」ではなく「したこと」を話そう。

11 知らなかったことを聞いて、「そうなんですか」より「そうなんですね」と言う。

知らなかったことを聞いた時に返すセリフは、

① そうなんですか

② そうなんですね

の2通りがあります。

これが天地の分かれ目になります。

会話は、知っていることより知らないことのほうが圧倒的に多いのです。

その時に「そうなんですか」と言う時点で、相手は「納得いってないのかな」という感じになります。

「そうなんですね」は、納得しています。

納得されると、次のことを言いたくなります。

「そうなんですか」は、サッカーで言うと、ボールをカットされた状態です。

相手は、「この話題はいまいち盛り上がっていないかな。じゃ、別の話題に変えよう」という気持ちになります。


パーティー会場でほかの知合いがいた時は、「あ、○○さん、ごぶさたしています」と話しかけて、「じゃ、そんな感じで。すみません、また」と言って離れてしまいます。


これで会話のチャンスを逃すのです。

話している側は、「か」と「ね」の違いにこだわっていないからです。

肯定の語尾でも、「か」と「ね」では相手に対しての印象がまったく変わるのです。

「そうなんですか」と言う人は、常に無意識に相手に質問返しをしています。

質問返しをすると、相手はカチンと来ます。

質問返しをしない人が結果を出すのです。

あの人を巻きこむ具体例

11
質問返しをしない。

12

根まわしは、事前のお願いではない。

結果を出す人は、根まわしが上手です。

根まわしは、「今度こういうことを会議で話しますので、反対しないようによろしくお願いしますね」と、事前にお願いすることではありません。

これは、根まわしの定義が間違っています。

根まわしとは、事前に相手のデメリットを取り除いておくことです。

「こんなアイデアを出そうと思いますが、どうでしょうか」と、事前に相談するのです。

その相談は、「私のアイデアに賛成してくださいね」ということではありません。

相手に不利益が発生するものは、当然反対されます。

不利益が残ったまま「賛成してください」と言ってもムリです。

新しい商品が会社の中でカニバリを起こす可能性もあります。

すでにある商品のパイを食ってしまうのです。

当然、すでに販売している商品の側からは「やめてくれよ」と言われます。

たとえば、ポラロイドという会社は、主力商品がポラロイド写真です。

社内で「これからはデジタルカメラの時代だ」とデジタルカメラの企画が出されました。

すると、「フィルムのいらないデジカメが出てきたら会社はつぶれる」と、企画会議でつぶされました。

ポラロイドのカメラとフィルムをつくっている部署の人が「自分たちの売上げがなくなるから」と反対したのです。

ポラロイド社はデジカメをつくらなかった結果、倒産してしまいました。

ところが、ほかのメーカーはフィルムのカメラをつくっていたのに、デジカメにも参入しました。
それは、根まわしができていたからです。

アイデアを出す時は、発言権や投票権のある人たちにとってのデメリットの解決策を先に提示しておけばいいのです。

「こうするかわりに、こういう形でメリットが出ます。行って来いでメリットが大きくなります」と、フォローの作戦を教えるのが事前の根まわしです。

「会社は根まわしが多いからイヤだな」と言っている人は、根まわしをただの挨拶だと思っているからです。

本来、根まわしは、きわめてロジカルなやりとりなのです。

あの人を巻きこむ具体例

12

根まわしで、障害物を取り除こう。

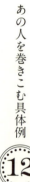

Chapter 2

話し方ひとつで、いつのまにか差がつく。

13 年齢の離れた上の人には、ナチュラルに話す。

結果を出す人は、年長者の引立てがあります。

実権を握っているのは年長者です。

年長者とは、親ぐらい離れた人です。

社長のトップダウンで、「あいつの言うとおりにさせてやれ」と言ってもらえるのです。

黄門様や将軍やお殿様のお墨つきがあれば、すべてOKです。

幕末の志士は、ジジ転がしがうまかったのです。

社会で結果を出す人は、みんなジジ転がしがうまい人です。

ベンチャー企業の社長は全員そうです。

自分の親やおじいさんぐらい年の離れた人と組んで、支援してもらっていることが圧倒的に多いのです。

そういう人たちが身につけている話芸は、自分のおじいさんぐらい年の離れた偉い人に対してナチュラルに話すことです。

典型的な例は、白洲次郎と吉田茂です。

白洲次郎は、吉田茂のことを「じいさん」と呼んでいました。

吉田茂は、イタリア大使から総理大臣になっている名門の人です。

そんな吉田茂を「じいさん」と呼ぶので、白洲次郎はかわいがられたのです。


たとえば、サービス業で、ホテルのスパで働く人がいます。

ホテルのスパは料金が高いです。

そこにお客様がネイルやヘッドマッサージをしに来ます。

ホテルのスパに来るお客様は、

① 大企業の会長クラスの人
② 20代で、まだ出世していないけれどもモテたいと思っている人

の2通りに分かれます。

私はスパの従業員研修で、「会長クラスの①のお客様にはタメ口で話しましょう」とアドバイスしています。

それが会長クラスの人には新鮮なのです。

いつもみんなから持ち上げられて、タメ口で話す相手がいないからです。

クラブのホステスの女性はみんな、会長クラスの人にはタメ口で話します。

偉くなると、「おっしゃるとおりでございます」と言われるばかりで、人とのコミュニケーションが減って孤独になります。

その相手に対して、タメ口で「そんなことしちゃダメよ」と言ったりすると、喜ばれて気に入られるのです。

「②のまだ結果を出していない若い人たちは、ひたすら丁寧に持ち上げましょう」とアドバイスしています。

あの人を巻きこむ具体例

13

下の人には丁寧に話そう。

会長に接するのと若者に接するのとでは、ギャップがあるのです。

失敗する人、結果を出せない人は、会長さんに対しては「おっしゃるとおりです」と言い、若者に対しては「ダメじゃん、そんなんじゃ」と言います。

若い人たちは自分の中に「まだ結果を出せないぺーぺーだ」というコンプレックスがあります。

それなのに「ダメじゃん」と言われてしまうと、居たたまれなくなります。

これは、ふだん自分が仕事をする上においてもまったく同じです。

偉い人にはナチュラルに話し、年下の人には丁寧に話すことが大切なのです。

14

「この人といたら、楽しそう」と思われる話をしよう。

結果を出せる人は、「これからこんなふうにしましょう」と未来の話をします。

結果を出せない人は、過去の話をします。

オヤジの話が嫌われるのは、「昔ね……」「オレの若かったころは……」と、昔話が多すぎるからです。しかも、同じ話ばかりをさんざん聞かされます。

昔話よりも未来の話のほうが夢があって楽しいのです。

昔話をするなら、竜ぐらい出してほしいです。

「昔、オレは竜を見た」という話なら、面白いです。

究極、話の目的は「この人と一緒にいたら楽しい」と感じられることです。

「ヘンな体験してるな、この人は」と思われる話がいいのです。

「この間ミラノに行ったらね……」という話が楽しく思えないのは、「自慢？」と感じられるからです。

たとえば、インドを旅行した人と話す機会がありました。

「コルカタはまだいいんだけど、やっぱり田舎に行くとヤバいね」という話は、続きを聞きたくなります。

「おなか壊してさ」と言われると、「インドでおなかを壊すって、どんな悲惨な状況なんだ」と思います。

「仕事ですか」と聞くと、「いや、遊び」と言われました。

「遊びでインドに行くってなんだ？　おなか壊したから二度と行かないのかな」と思っていると、「また行くんだよ」と言っていました。

自慢話ではない体験談を話すと、聞き手も楽しめるのです。

あの人を巻きこむ具体例 14

未来の話をしよう。

15 雑談で、相手の「絶対イヤなもの」を知る。

雑談でするべきことは、「相手が話題として取り上げてほしくないNG」を早く察知することです。

「相手の好きなもの」を探ろうとするのは間違いです。

会話が途切れてゲームオーバーになるのは、相手のイヤな話題を出した時です。

好きなものの話をしていなくても、イヤなものさえ触れなければ、会話を続けるチャンスはあります。

踏んではいけない地雷を先に探す必要があるのです。

ところが、「お好きなものはなんですか」というラッキーアイテムを先に探すと、危うく踏んでしまいます。

たとえば、小劇場が好きな人がいます。

小劇場の中にはいくつもユニットがあります。

全部のユニットが好きとは限りません。

嫌いなものは、好きなもののすぐそばにあります。

小劇場はみんな好きだろうと思って調子にのって話していると、「じゃ、この辺で」と話を終わらされてしまいます。

話し手は盛り上がっていたので、自分がどこで地雷を踏んだかわかりません。

まずは相手がイヤな話題をつかむことです。

「こういうのは生き方の美学として許せない」と相手が思っているところを知ることが大切なのです。

私が嫌いなのは、ダラダラすることです。

ダラダラする人とは、二度と会いません。

私が一番最初に本を一緒につくったのは、メディアファクトリー元編集長の藤原和博さんでした。

藤原さんは、「中谷さんの美学は時間だから、時間的にダラダラしたらこの人は絶対一緒に仕事をしない」と見抜いてくれたので、仕事がしやすかったです。

誰しも「絶対イヤなもの」があります。

それを雑談で最初に感じ取るのです。


私はホテルの仕事をしているので、ホテルに泊まると差入れをされることがあります。

あるホテルで、シャンパンを差入れされました。

「あれ、長年つき合っているのに」と不思議に思いました。

前に「お酒は飲まない」と言ったのに、覚えていてもらえなかったのです。

接待をする時でも、最初に「お酒は何にしますか」と聞くのは仕方ありません。

そのあと、2回も3回も「お酒は何にしますか」と聞く人は、相手の好きなものを探っているだけで、嫌いなものを探っていません。

接待で女性がいるお店に連れて行っても、相手が必ず喜ぶとは限りません。

そういう場が嫌いな人もいます。

好きなものを探そうと思っている人は、フォーカスが好きなものに合っているので、嫌いなものが把握できないのです。

しくじらないためには、雑談の中で相手の嫌いなものを早く察することです。

相手のリアクションをよく見ていると、「この話にはのってこないな」とわかる話題があります。

「ここは地雷だな」と感じ取るのが雑談の一番大切な目的なのです。

あの人を巻きこむ具体例

15 相手のイヤな話題をしない。

16

相手が時間をかけているところに、触れる。

話を聞く時は、つい相手がお金をかけているモノが目に入ります。

たとえば、「その時計、パシャじゃないですか。『LEON』で980万円と書いてありましたよ」とほめたのに、相手は喜びませんでした。

その人は時計に詳しいわけではなく、『LEON』を見て買った可能性もあります。

雑誌を見て急に買ったということは、それほど造詣が深くないのです。

話題にするのは、相手が時間をかけてしていることです。

女性に話す時も同じです。

「わあ、そのダイヤ、高そうですね」と言わないことです。

ダイヤは、買えば身につけられるものです。

女性経営者にグッと踏み込めるのは、「ネイルを丁寧にされていますね。それはどこでされるんですか」という話題です。

ネイルはそれほどお金はかかりませんが、個人のこだわりがあるからです。

「体しぼっていますね」と言うのも効果的です。

たとえ100万円を払っても、すぐに筋肉はつかないし、一晩で脂肪はとれないからです。

相手が時間をかけていることに話題を振ったほうが、相手は語るものをたくさん持っています。

ただお金を瞬間的にかけて手に入れたモノは、語るネタがありません。

相手が話したい話題は、相手が時間をかけているものです。

短時間しかかけていないものは、体験の話題が少ないのです。

できるだけ相手に「この話がしたかった」という話をさせてあげると、「君と話していて楽しい」という状況になります。

相手が身につけている高級時計は、会った人なら誰でも話題にします。

目につくところではなく、本人が無意識にしていることを話題にするのです。

気づかずに習慣化していることは、相手が一番時間をかけていることです。

時間をかけてしていることは、本人にとっては当たり前のことです。

「あれ、みんなはそうじゃないのかな」と相手が思うところを話題にすればいいのです。

「そういえば、しているね」というところをついていくのです。

観察力のない人は、目に入った相手の高級時計を話題にします。

究極、会話のヘタな人の話題はネクタイにいきます。

相手が習慣化していることは、よほど観察力がないと気づけません。

実は、**会話は観察力が重要**なのです。

あの人を巻きこむ具体例

16

相手が自分で気づいていないことに、触れよう。

17

眉間にシワを寄せて、聞かない。

話を聞く時に一番大切なのは、合づちではなく表情です。
自分がどんな表情をして聞いているかは、録画をしない限りはわかりません。
鏡で自分が聞いている顔を撮ろうとしても、撮れないのです。
鏡を見てしまうからです。
鏡では練習できないのが、聞く顔と笑顔です。
鏡に向かって笑顔はできないからです。
ふだん、自分がどんな笑顔をしているかはわからないのです。
表情は、自分自身がチェックできないものです。

これだけカメラが多い時代でも、自分の表情は知りません。
カメラで撮っている時の表情は、その人のふだんの表情ではなく、写真用の表情です。
写真用の表情は笑顔でも、ふだんは不愛想な人がいます。
これで一番損をするのは、会話をする時です。
会話をする時に相手が見ているのは、聞き手の表情です。
話している時は、たいてい楽しげに話します。
聞く時の表情は、「楽しい」から「不機嫌」まで無限にあります。
真ん中には、「無表情」もあります。
聞く時のクセは、相手に指摘してもらわないと損をします。
話し手が一番集中しているのは、聞き手の表情です。
聞き手の返事ではありません。
表情が返事になるのです。
話し手が「この人と話しても楽しくない」と思うのは、眉間にシワを寄せられた時です。

聞き手自身は、眉間にシワが寄っていることに気づいていません。

話をやめられない状況では、話し手は聞き手から目線をはずし始めます。

話している側としては、ヘトヘトになるからです。

眉間にシワを寄せて聞いていても、大切な話が終わるといい顔になるので、悪い人ではありません。

本人は一生懸命聞くという姿勢で、眉間にシワを寄せているのです。

人が話している時は、表情豊かに聞けばいいのです。

稲川淳二さんは、怖い話を表情豊かに話します。

怖い映像の世界に入り込んで話しているからです。

稲川さんは、日常会話も怖い話の時のように表情豊かです。

映像を思い浮かべて相手の話を聞けば、表情は自然と豊かになるのです。

あの人を巻きこむ具体例

17

表情豊かに聞こう。

18

論理的でない人同士の会話は、すれ違っていることに気づかない。

会話は論理的に話さなければ、相手と話がかみ合いません。

ビジネススクールで生徒同士で会話の練習をさせると、2人の会話がかみ合っていないことがあります。

これではチャンスはつかめません。

かみ合わないことより、かみ合っていないと気づかないことのほうが問題です。

話がかみ合うことで、「じゃ、2人で一緒に仕事をしよう」とコラボが生まれるのです。

かみ合っていないと、普通はギクシャクします。

自分がしている話と違うところを拾って話されるからです。

かみ合わない原因は、相手が拾ってほしくないところを拾うことです。

相手が拾ってほしくないところを拾う人は、相手の話をロジカルに聞いていないのです。

ロジカルに聞くということは、「相手が今伝えたいことはここだ」とわかることです。

ロジカルに聞いていると、本筋と枝葉末節が区別できるのです。

ロジカルに聞いていない人は、枝葉末節も拾ってしまいます。

「昔々、あるところにおじいさんとおばあさんが住んでいました。おじいさんは山へシバ刈りに、おばあさんは川へ洗濯に行きました」という「ももたろう」の話があります。

「女性に家事を押しつけてひどい」と言われた時点で、この話は終わりです。

そういう趣旨として取り上げている話ではないからです。

「シバ刈りってなんですか」「庭の芝刈りはわかりますが、山のシバ刈りがわからない」と、ひっかかる人もいます。

そこは、さらっと聞き流していい場面です。


一番怖いのは、ロジカルに聞かないと、話がかみ合っていないことに気づけないことです。


女子会の会話はロジカルではありません。

雰囲気で話しているので、かみ合っていなくていいのです。

女子会からは、ビジネスは生まれません。

結果を出せない人の会話は、論理がありません。

感情的だったり、論理にムリがあります。

最後は、相手へのお願いになってしまうのです。

仕事をする時に、TOEICのテストを受けたり、英語力をつけようとする人はいます。

ところが、論理力は数値化できません。

TOEICは満点でも、世界へ行って通じない人がいます。
インターナショナルでの共通言語は論理だからです。
「AだからB。BだからC」、これが世界の共通言語です。
そのために論理力をつける必要があるのです。

あの人を巻きこむ具体例

18

英語力より、論理力をつけよう。

19

下ネタキャラの人のまじめな話は、刺さる。

いつも会うとエロ話ばかりする下ネタキャラの人がいます。

だからといって、悪い人ではありません。

この人が会っていきなりエロ話をするのは、「キャラを、生かせていない」ということです。

キャラを生かすのは大切なことです。

会話で論理は正解があります。

ただし、それだけで勝負がつくわけではありません。

「あの人は楽しい人だね」「愉快な人だね」「かわいい人だね」と、年長の人から思ってもらうには、キャラを立てる必要があります。

下ネタキャラを生かすというのは、下ネタを話すことではありません。

下ネタを話す印象が定着している人が、いきなりベートーベンの話やまじめな話をすると、「こんな話もできるんだな」ということでボンとキャラが立ちます。

ふだんからまじめな人より、下ネタキャラの人が話すベートーベンの話のほうがもっと印象が強くなります。

相手は意表をつかれて、化学反応が起こるのです。

すべての人に自分のキャラがあります。

そのキャラと最も正反対の話題を出すことで、キャラがきわ立つのです。

雑談でふざけまくっていた人が、本題になったとたんにボンとまじめに切りかわることがあります。

「この人、マーケティングの話もちゃんとできるんだな」「経済の話もできるんだ」「政治の話もできるんだ」となると、軟派キャラが硬派キャラに転びます。

硬派なイメージのある人は、軟派なネタを出した時にグイグイついていくとキャラが立つのです。


オードリー・ヘプバーンは、『ローマの休日』のイメージが強いです。

誰もがお姫様のような清純なイメージの人と思い込んでいます。

それを『ティファニーで朝食を』でひっくり返したのです。

『ティファニーで朝食を』でオードリー・ヘプバーンが演じたのは、高級コールガールの役です。

あの役は本当はマリリン・モンローで、原作のトルーマン・カポーティが許可した映画でした。

ところが、マリリン・モンローはおりたのです。

コールガールのイメージになるのがイヤだからです。

マリリン・モンローとコールガールは距離が短すぎるので、おりたのは正解です。

まさかのオードリー・ヘプバーンが高級コールガールの役を受けたところで、あの映画は成功したのです。

あの人を巻きこむ具体例

19 自分のキャラと逆の話題をしよう。

キャラを立てるには、まず自分のキャラを知ることです。

キャラは、自分でつくることはできません。

まわりが決めることです。

まわりの中で自分がどんなキャラになっているのかを知り、そのキャラと真逆の話ができるようにしておけばいいのです。

20

マンションのエレベーターで、「何階ですか」と話しかける。

ふだん自分から話しかけることができない人は、プレゼンや商談や交渉の時に急に話そうと思ってもできません。

自分が住むマンションのエレベーターで、ほかの住人と一緒になった時に「何階ですか」と言えるかどうかで勝負は決まります。

結果を出せない人は、このひと言が言えません。

言わなくても、相手は自分でボタンを押します。

相手にボタンを押させたからといって、「あなたはサービス精神がない人だ」とは言われません。

結果を出せない人は、「心の中で思っています」と言います。

心の中でいくら念じても、手を挙げなければタクシーはとまりません。

結果を出せる人と出せない人は、心の中で思っているところまでは同じです。

声を発せられるかどうかで、結果を出せる人と出せない人とにくっきり分かれます。

心の中で思っている声は、自分の耳では聞こえているのです。

結果を出せない人は、言ったつもりになっているだけです。


「部下に対して、『いつもありがとう』と思っていますよ」と言う人がいます。

特に感謝やねぎらいの気持ちは、言わなければ相手に伝わりません。

「思っていたら鳴っているものと思い込み」というのが、結果を出せない人です。

奥さんに対して感謝の気持ちを言える人は、結果を出す人です。

身近な人にふだんどれだけ言葉を発しているかが、最も身近でない交渉の現場でどれだけ話せるかに連動します。

急に話そうと思っても、ふだん身近な人に話していない人はムリです。

あの人を巻きこむ具体例

20

エレベーターの中で、仕事以外の話をしよう。

最近は、「エレベーターの中ではしばらく無言で」というインテリジェントビルがたくさんあります。

これは広告代理店でも教わる注意事項です。

エレベーターの中には誰が乗っているかわかりません。

社内の人間しか乗っていなくても、情報は漏れる可能性があります。

エレベーターの中で仕事の話をしてしまうと、情報が漏れる危険性があるのです。

上司と仕事の話しかできない人は、上司との関係性が浅くなります。

いかに相手と「本来の目的以外のバイパスの会話」をできるかが大切なのです。

みんなが仕事の話しかできない会社では、エレベーターの中では誰が乗っているかわからないので「無言で」というヘンな貼り紙が出るのです。

21 無口な人と話すと、チャンスが広がる。

おしゃべりな人と話せても、それは相手の力量があるにすぎません。

勝負は、無口な人とどれだけ話せるかです。

「でも、あの人、無口だからなかなか話しづらいんですよ」と言う人は、自分の力で無口な人と話そうとしていないのです。

無口な人は、決して話が嫌いなのではありません。

無口な人は口ベタなだけで、話したいことはたまっています。

話しかけてくれる人を待っているのに、みんなが無口だと思って話しかけないのです。

苦手な人には話しかけないという人は、いつまでたっても話し方がうまくなりません。

怖い人、偉い人のところへ飛び込めるのが話のうまい人であり、結果が出せる人なのです。

お笑い芸人で伸びていく人は、お客様の前で話がうまい人ではありません。

お笑い芸人の世界は、ヒエラルキーがあります。

大師匠のフトコロへ飛び込める人は、大師匠にかわいがられて伸びていきます。

かわいがられなくても、話芸が上達します。

無口な人・苦手な人・怖い人・偉い人に、ふだんから怒鳴られても話しかけるというアクションを起こすことで、話すチャンスが広がり、話芸もうまくなっていくのです。

あの人を巻きこむ具体例 21

苦手な人と、話そう。

22 ネタは、探している時ではなく、探していない時に見つかる。

急に話そうと思っても、ネタは見つかりません。

ネタは、話していない時に「こんな話をしよう」と思いつくものです。

ふだんからネタ帳を持っていればいいのです。

会ってからネタはないかなと探す人は、「さっきあの話をすればよかった」と後悔します。

結果を出す人は、会う前に「このネタを持っていこう」と準備しています。

アイデアを出したり、企画を考える時も同じです。

あの人を巻きこむ具体例 22

ネタ帳をつくっておこう。

企画を出さなければならない時には、企画は出ません。

締切のない時に、頭の中がリラックスして企画が思い浮かぶのです。

ふだんからネタを持っておいて、「このネタは今度○○さんに会った時に話そう」と話す相手を振り分けておきます。

準備したネタは、その人に会った時に初めて話すのではなく、ほかの人で練習しておくとうまく話せます。

これを「練る」と言います。

ネタを練ることによって、話したい相手に会った時に話しやすくなるのです。

23
聞き手は、自分の持ち物で話されると、うれしい。

持ち物は、人それぞれこだわりがあります。

私は定規フェチです。

私が使っている定規を見て「定規ですか。珍しいですね」と言う人がいました。

そうすると、「これはキャンドゥでまとめ買いして、全部のカバンに入っているんだ。うちの父親も定規フェチだし、遺伝だね。うちは染物屋だから、やっぱり定規がいるんだよ」と延々話せます。

失敗するのは、「この時計、いくらだと思いますか」と自分から言う人です。

自分の持ち物で語らないことです。

デートの時の失敗も同じです。
自分の持ち物のことだけ話して、相手の持ち物にまったく興味がないという男性はフラれてしまうのです。

あの人を巻きこむ具体例 23

相手の持ち物をテーマに話そう。

Chapter 3

また会いたいと思わせる人が、結果を出している。

24 休憩時間に話すだけで、緊張が解ける。

結果を出せる人は、休憩時間に話すことによって自分がリラックスするのです。

リラックスした場所は、ホームにできます。

講演やビジネススクールの授業では、休み時間があります。

休み時間に黙っている人は、結果が出せません。

最近は、スマホがあるので黙りやすくなっています。

起業家になりたい人が大ぜい集まっている場所で、初めて会った隣近所の人と話す人は成功します。

その時にスマホを見たり、メールチェックしている人は、起業家になれません。

黙っていると、その場の緊張感が増します。

実は、発表で堂々と話せるかどうかではなく、休み時間に隣近所と話せるかどうかで差がつくのです。

「だいたい2、3人と話すだろう」という平均値はありません。

みんなと話している人と、誰とも話していない人の2通りだけです。


待ち時間は話すチャンスです。


たとえば、お得意先に行きました。

インテリジェントビルでは、受付の人に呼んでもらいます。

その時に、「ただいま参りますので、しばらくお待ちください」と言われて待っている時に、受付の人とどれだけ話せるかです。

ガードマンの人と話したりすることも、そのあとの大切な話につながります。

「今、受付の人と話していたんですけど」「ガードマンの人と話していたんですけど」と言うと、スムーズに話が展開できるからです。

秘書さんが迎えに来て、「こちらでございます」と案内される時も、黙ってついていく人と、役員室に入るまでの間、秘書さんとずっと話していると人と、くっきり分かれます。

日常生活でも同じです。

旅館で仲居さんに部屋まで案内される時に、無言の人と、仲居さんとずっと話している人の2通りに分かれます。

「風俗でも、ずっと無言のお客様と、ずっと話しているお客様の2通りで、真ん中のお客様はいない」と、風俗の女性が言っていました。

真ん中はいないというのが面白いです。

ずっと無言か、ずっと話しているか、両極端に分かれるのです。

「今、秘書の人といろいろ話していたんですけど」と言う人は、緊張しないですむのです。

あの人を巻きこむ具体例

24 待ち時間に、話そう。

25 アイドリングしていると、話しやすい。

話にも、エンジンと同じでアイドリングが必要です。
講演に行くと、「中谷さんは緊張しないんですか」と聞かれることがあります。
私は、緊張したことがありません。
講演前に、楽屋で係の人と話している間は何も緊張しません。
本番は、単に話す場所が変わるだけです。
たとえ5000人の会場でも、控室で対1人に話している時でも同じです。
緊張するタイプの人は、控室で無言です。
それで人前に出ると、状況が変わって緊張するのは当たり前です。

一番摩擦力が大きくて話しにくいのは、第一声です。

緊張している人がさらに緊張するのは、気持ちを落ちつけようとして黙っているからです。

プレゼンが始まっても、頭の中で話していて、口がついていきません。

クルマのアイドリングと同じです。

いきなりトップに入れると、エンストを起こします。

みんなの前で話す予定のある人は、その前に話しておくことです。

それによって体を話すモードに切りかえることが重要なのです。

明石家さんまさんは楽屋で死ぬほど話して、そのままのテンションで本番に入るので、最初からハイテンションなのです。

あの人を巻きこむ具体例

25

スピーチの前には、誰かと話しておこう。

26 「最近、なんか映画見た？」に、「はい」ではなく、作品名で答える。

番組に使えるか、プロデューサーがアイドルのオーディションをすることがあります。

マネジャーがアイドルを連れていくと、「よろしくお願いします」と、礼儀正しく挨拶しました。

「最近、なんか映画見た？」と聞くと、「はい」と答えました。

これでは「次のボールは誰？」という状態です。

アイドル本人の中では答えたつもりです。

これでマネジャーが頭を抱えるのです。

「はい」「いいえ」で終わると、相手は「あなたとは話したくない。話しかけないでね」と言われたように感じます。

アンケートの答え方と間違えているのです。

見たかどうかを聞いているのではなく、「見た映画について話してください」という質問です。

この質問に対してイエス・ノーで終わらせてしまう人は、けっこう多いです。

自分の番は終わったと思っているのです。

これは、「相手に対して失礼」というマナーの問題ではありません。

これでチャンスをなくすのです。

たとえば、AさんとBさんに、「最近、なんか映画見た?」と聞きました。

Aさんは「見ました」と言い、Bさんは「この間、『007』見てきたんですけど、やっぱりカッコいいですね」と言いました。

この2人のうち、どちらがイニシアチブを握っているかという勝負はついています。

せっかく会話のトスを上げているのに、それをよけている人は、イエス・ノーで終わらせます。

この原因の1つはSNSの影響です。
SNSは、短いやりとりをします。
「はい」「いいえ」のやりとりが多いのです。
それによって、「自分はもうボールを返した」と思っています。
対面で会話をする時は、それではまだボールを返せていない状態です。
「はい」「いいえ」で答えると、相手のボールをよけたことになってしまうのです。

あの人を巻きこむ具体例

26 イエス・ノーで、終わらせない。

27 同じことを2回言うと、怒っていることになる。

強調しようとして、つい同じことを2回言ってしまうことがあります。

「何度も言いますが」と言うと、相手には「怒っている」という印象になります。

悪意はありません。

同じことを言われると、「さっきも言ったけど、おまえはわからなかったのか」という意味に伝わるのです。

大切なのは、話している内容ではなく、相手がどう受け取るかです。

結果を出す人は、ここの理屈がわかっています。

強調したくても、同じことは2回言わないようにします。

1回だけなら、話はシンプルになります。

相手の感情も逆なでしません。

2回言うと、2回で終わらないで、3回、4回と続くのです。

同じように、相手にも同じことを2回言わせないことが大切です。

同じことを2回言い始めると、「さっきも言ったけどさ」ということで、怒っていなくても怒っているような気分になってくるのです。


たとえば、お客様からクレームをもらった担当者が上司にかわります。

出てきた上司が「なんでしょう」と言うと、お客様は「今の状況をもう1回言わなければいけないの？」と思います。

最初は冷静だった人が、2回目に語る時は激怒しているのです。

「クレームのお客様なんですけど」という引継ぎが、いかにダメかということです。

まず、上司が困ります。

お客様から、いきなり怒鳴られるのです。

担当者は、つい「すみません、クレームなのでお願いします」と逃げてしまいがちです。

せめて状況をきちんと説明して、上司に心づもりをしてもらうことが大切です。

「お話は全部伺いました」と言われるか、「なんでしょう」と言われるかで、その場の雰囲気が大きく変わるのです。

あの人を巻きこむ具体例

27

同じことを2回言わせない。

28 一緒にいて楽しくないとは、話していて楽しくない。

「あの人といると楽しい」というのは、「いると楽しい」のではありません。

「話していて楽しい」ということです。

「黙っている状態で楽しい」ということではないのです。

出張に同行させられるのは、「あいつと出張に行くと、新幹線の中で退屈しない」という人です。

得意先や接待に行く時も、「あいつと話していると楽しい」という人が上司に選ばれるのです。


結果を出せる人は、同行者に選んでもらえる会話力のある人です。

才能とか能力は関係ないのです。
能力のある人より、話し方がうまい人のほうが、誘ってもらえて、チャンスがつかめるのです。

あの人を巻きこむ具体例 28

話していて、楽しい人になろう。

29 叩き潰す話し方に、気づいていない。相手が話してくれないのではない。

楽しくない話し方は、電源を引き抜いて強制終了するような話し方です。

NGワードは、「ありません」「できません」「知りません」です。

これを言われた時点で、相手はそれ以上話したくなくなります。

実際に「ありません」「できません」「知りません」の状況であったとしても、この言葉を言ったら、そこで終わりです。

話し手は、自分が会話を叩き潰したとは思っていません。

単に相手が話をやめただけだと思っています。

話しかけてもらえないのも、食事に呼んでもらえないのも、自分が叩き潰しているからです。

被害者は相手で、加害者は自分です。

にもかかわらず、「Aさんは誘っているのに、自分は誘ってもらえない」と文句を言うのです。

あの人を巻きこむ具体例

29

「ありません」「できません」「知りません」をなくす。

30 正しさより、話すことが大切だ。

話す時に正しさを優先する人は、相手の間違いを正します。

大切なのは、「話している」という関係性です。

話が正しいか間違っているかという正確さではないのです。

間違うことは、よくあります。

間違っていても話してくれる人は、「話そう」とする気持ちが、より強いのです。

この気持ちが大切です。

「すみません、話の途中なんですが、さっきのあれは間違っていますよ」と直されると、それ以上話せなくなります。

「悪かったね」ということで、せっかくいい話だと思って話しているのに、この時点で楽しくなくなるのです。

聞き手が正しさを訂正するのは、話し手に勝とうとしているからです。

1対1の場合は、こういうことはあまり起こりません。

何人かで話していて、特に女性がいる時に起こりがちです。

男性は「自分のほうがちゃんと知っている」と、女性にアピールしたいのです。

本当に知識の豊富な人は、相手の話を訂正しません。

余裕があるので、そんなことはどうだっていいのです。

相手の話を訂正したくなるのは、劣等感からです。

「相手になめられている」と思っている人は、小さいことを訂正することで、なんとか相手に勝とうとします。

それで会話が面白くなくなるのです。

あの人を巻きこむ具体例

30

相手の間違いを、正さない。

31 「今度何かあったら、相談しよう」と思ってもらう話し方をする。

「何かあった時に、この人に相談してみようと思える人リスト」に入ることで、最終的に結果につながります。

結果を出せない人は、今日、契約を結んでもらおうとして、あせっています。

関係性をつくることを「口座を開く」と言います。

口座を開く時は、「今日は契約はいりません」と言うのがコツです。

「口座を開いたから契約してください」となると、「契約するなら口座は考える」と言われます。

契約しなくても口座だけでいいなら、簡単に口座を開いてくれます。

「少しでもいいですから契約してくれませんか」「いくらか買ってもらえませんか」という形では、関係を生み出せないのです。

会話の目的は、関係をつくることです。

関係をつくれば、その間に、モノ、カネ、情報が流れていきます。

関係ができていないのに初めからお金を流そうとすることに、相手は抵抗感があるのです。

あの人を巻きこむ具体例

31

今日、決めようと話さない。

32

「困っているところはありませんか」より、「絶好調ですね」で困っていることを引き出す。

営業の人が新規のお客様のところに行って、ついしてしまう間違いがあります。
「何かお困りのことはありませんか」と聞いてしまうことです。
「困っていることがあったら、ぜひうちのほうでお手伝いさせていただきます」と提案すると、相手からは「いや、特に困っていることはない」という返事が返ってきます。

これは当たり前です。

会話で大切なのは、その表現をしたら、同じように気持ちが伝わるわけではないということです。

結果として、「こういうことで困っているんだけど」ということが出るのです。

困っていることを引き出すために、「何かお困りのことはありませんか」という質問は間違いです。

結果を出せる営業マンは「社長の会社は絶好調ですね」と言いながら入っていきます。

そう言われると逆に、「いやいや、大変なことはいろいろあるんだよ」と言いたくなります。

結果を出せない営業マンは、ここでもあせって、「エッ、どこが困っていますか」と聞いてしまいます。

結果を出せる営業マンは、わざと「いや、何をおっしゃいます。何をやってもうまくいっているじゃないですか」と言います。

ここまで相手を追い込んで追い込んで引かないほうが、相手が話してくれるとわかっているからです。

これが会話力です。

英会話のスキットには、「どこか困ったところはありますか」→「はい、ここで困っています」と書いてあります。

実際には、そんなふうにはいきません。

語学のスキットには感情が入っていないのです。

現実の会話には感情が入っています。

「どこか困ったところはありますか」と言われると、聞き手は「困ったところを聞き出して、そこを売り込もうとしているんだな」と先読みします。

そんなことは誰でもわかります。

「絶好調ですね。どうしたらこんな絶好調になるか教えてください」と言うと、「売込みではないな」ということで、相手は心を開きます。

会話は、まず相手の心を開かせることが大切なのです。

あの人を巻きこむ具体例 32

逆のことを聞いてみよう。

33

話は、サッカーだ。パスを待っていたら、ボールにさわれない。

ＴＶのトーク番組で、東京は「振ってもらって話す」というスタイルです。

人気が出るのは、振りなしで勝手にみんなが話す番組です。

大阪のトーク番組は、振りがありません。

大阪の番組に来た東京出身のゲストが、ひと言も話さないことがあります。

「あんた、何しに来た？　ギャラ泥棒やな」と言われます。

その人は、振られないと話してはいけないと思って、振られるのを待っていたのです。

実際の社会の会話のルールは、関西のＴＶ局のルールです。

振られるのを待っていたら、トークはできないのです。

サッカーでは、パスを待つのではなく、積極的にキラーパスのところへ走り込みます。

「今は自分の番ではない」と油断してはいけないのです。

今、ボールがどう動いているかを常に見ておきます。

ここで自分が走り込んで、ワンタッチでメインの人に渡せば、メインの人がシュートを打てるというポイントがあります。

そのポイントを見て走りまわるのです。


トーク番組で、残り10秒のところで司会者がまとめに入ります。

そこへ自分がポンとひと言入れると、司会者がシュッとまとめられます。

そこまで読んで話すのです。

これができる人は、次もまた呼んでもらえます。

今、自分が入ったほうがいいのか、入らないほうがいいのかというのは、ギリギリの判断です。

残りの秒数を見ながら、今、相手はどういう展開でまとめようとしているのかを感じ取ります。

ヘタをすると、話の腰を折ってしまうのです。

シュートを打つ人より、アシストができる人が、チャンスをつかむのです。

あの人を巻きこむ具体例

33

ボールを取りに走り込もう。

Chapter 4

チャンスをくれる人は、
チャンス話を待っている。

34 クイズ形式は、聞き手にはかったるい。

オヤジの会話は、クイズが多すぎます。

まず「僕、いくつに見える？」から始まります。

誰もそんなことに興味はありません。

結果を出す人は、ここでズバッと即答します。

「エー、わかんない」と言うと、オヤジのクイズはよけい長くなります。

「考えてよ」「君はいくつだと思う？」「君はいくつだと思う？」……と、めんどくさいことになるのです。

講演でも、冒頭に質問から始める人はしくじります。
質問で相手にかかわりを持たせようとしているのです。
これはマイナス効果です。
せっかくその人の話を聞きに来た人が、質問されると、うつむいてしまうのです。
今はスピード時代なので、答えからズバズバ入っていきます。
私の本の見出しも、質問ではなく、答えです。
その答えは、通常、みんなが思っていることと逆のことです。
ここで「エッ、そうなんだ」と思ってもらえます。
つまらない本は、見出しが「なぜ○○は△△なのか」という形です。
読まないと答えがわからないのです。
こんな本は読む気がしません。
「それなら早く答えを言ってくれ」と思います。
「総理がなんて言ったと思いますか」という見出しの新聞は、誰も読みません。
結論からズバッと出ているから読むのです。

答えから入ることによって、グッと引き込まれます。

質問から入るのは、テンポの遅い映画を見ているのと同じで、すぐにチャンネルを変えられてしまうのです。

みんなが聞きたいことは、質問ではなく、答えなのです。

あの人を巻きこむ具体例

34

質問より、答えから入ろう。

35 「ゆっくりお話ししたい」と言う人は、忙しい人に永遠に会ってもらえない。

結果を出せない人は、会話のチャンスがつかめません。

「今度ゆっくりお話ししたいので、お時間をつくっていただけますか」というひと言で、チャンスを潰すのです。

これで時間をつくってくれるのは、異業種交流会のヒマな人たちです。

異業種交流会でチャンスがつかめないのは、売り込みたい人ばかりで、売り込まれる側の人がいないからです。

結果を出す人は「1分いいですか」と言います。

「ゆっくりお話ししたい」と言う人は、「最低でも1時間」と考えています。

「1分下さい」と言った人の話が面白ければ、結果的に1時間になります。

「1時間下さい」と言われると、口では「では、スケジュールを調整して」と言いますが、永遠にそのチャンスはめぐってきません。

チャンスをくれる人は忙しいので、どんな話かわからないことに、最初から1時間もとれないのです。


本当に中身のある人は、「1分下さい」と言います。

実際、そういう人の話は面白いのです。

「1時間下さい」と言う人の話は、挨拶で終わります。

結果を出す人は、これを経験則で知っています。

ひょっとしたら本当に中身のあるいい話でも、「1時間下さい」と言う人はチャンスをもらえません。


世の中で成功している人は、みんな頭のいい人です。

そういう人は、1分でわかってくれます。

あの人を巻きこむ具体例

35

時間は、1時間より、1分もらおう。

1時間話さないとわからない人は、そもそも仕事のできない人です。
たとえ1時間聞いたとしても、結果、契約してくれないのです。
お金持同士の話は短いのです。
1分話しただけで、何億ものお金が動きます。
ふだんそういう人たちと接していないと、それがリアルに感じられません。
1分で話を決めるのは、お金があるからではなく、頭がいいからです。
1分で話がわかることが、「頭がいい」ということなのです。

36

仲間同士としか話していない人は、敬語を知っていても、使えない。

結果を出せない人の敬語は間違っています。

ふだん仲間同士でしか話していないからです。

仲間同士では、敬語はいりません。

どんなにたくさん敬語を知っていても、実際に使える敬語は少ないのです。

偉い人に対しても横柄な言い方になります。

自分が売り込む側なのに、先方の偉い人に「あなたの話に好感を持ちました」と言ったりします。

自分としては間違っていないと思っています。

上司は、あせります。

帰国子女なら仕方ありませんが、日本生まれ日本育ちの生粋の日本人です。

「好感を持ちました」は、上から下に使う言葉です。

偉い人に対して「同感です」と言うのも、使い方が間違っています。

いつも身内同士、仲間同士でしか話していないので、敬語が使えない状態になっているのです。

英語と同じです。

ふだん英語を話していない人は、知っている英語は多くても、使える英語は少ないのです。

使える敬語と知っている敬語の落差の小さい人が、結果を出せる人です。

就活学生は、面接の時に敬語がメチャクチャになって崩壊します。

ふだんから敬語を使うような人と話していないという現実があるからなのです。

自分の親ぐらいの年齢の人と、どれだけ会話しているかです。

あの人を巻きこむ具体例

36

年上の人と話して、使える敬語を身につけよう。

37 知っている人としか話していない人は、ボキャブラリーが少ない。

結果を出せる人は、単純にボキャブラリーが多いのです。
ボキャブラリーは、敬語だけではありません。
知っているジャンルの言葉が、圧倒的に多いのです。
結果を出せない人は、ボキャブラリーが少ないのです。
究極は、女子高生です。
「ヤバい」「キモい」「ウザい」「カワイイ」で、たいていの会話が成り立ちます。
10語ぐらいでまわっているのです。
すべてのことを「キモい」と表現します。

「ヤバい」に、イヤなこともいいことも全部入っています。

「どのようにヤバいの」と聞いても、「ヤバいといったらヤバい」で終わります。

すごくヤバいことは「超ヤバい」で終わってしまいます。

大人でも、そういう人がいます。

裏を返せば、価値観の同じ人たちの中にいると、ボキャブラリーが少なくても生きていけるということです。

価値観の違う人には「ヤバい」は通じません。

価値観の違う人と一緒にいることで、ボキャブラリーの数は増えていきます。

話が通じない人を避けて、同じ価値観の中に閉じこもっていると、接している世界はどんどん小さくなります。

これでは、結果を出すことも稼ぐこともできません。

ほかの価値観の人とコラボできないのです。

稼ぐためには、自分の価値観の中では限界があります。

「儲ける」と「稼ぐ」とは、違います。

「儲ける」は、同じパイの中で奪い合うことです。

自分の価値観の中で儲けようとすると、ほかの人の儲けを奪うことになります。

いわば略奪です。

麻雀の点棒の取り合いと同じです。

「稼ぐ」は、パイを大きくすることです。

仲間から奪うのではなく、外から取ってくるのです。

違う価値観の人と話すことで、稼げるようになります。

そのために違うボキャブラリーがいるのです。

その人の言葉を聞けば、その人の住んでいる世界の広さがわかります。

同じ日本語の中でも、ボキャブラリーの多い人と少ない人とで、圧倒的に分かれるのです。

あの人を巻きこむ具体例

37

価値観の違う人と話して、ボキャブラリーを増やそう。

38

情報化時代の会話力は、石器時代より退化している。

情報化時代は、ボキャブラリーの数を減らします。

同じ価値観の人同士で、距離に関係なく集まれるのが、情報化時代です。

情報化時代になる前は、違う価値観の人が近所に住んでいて、その人たちと話さなければいけませんでした。

会話力に関しては、現代の情報化時代は石器時代より退化しています。

価値観が同じ人同士なら、「あれ」で全部わかります。

会話力はいらないのです。

商売は、価値観の違う人たちに、いかにモノを買ってもらうかということです。

あの人を巻きこむ具体例 38

落としどころより、未来の到達点を探そう。

相手は、この「モノ」のすばらしさがわかっていません。

相手の価値観、相手の言語で話すことで、初めて交渉は成り立ちます。

結果を出せない人は、押売りになります。

自分の価値観で相手に売ろうとするのです。

2つの価値観がぶつかり合う中で、コミュニケーションが生まれます。

これが結果を出す人の会話です。

落としどころを探す人は、稼げない人です。

「落としどころ」は、儲ける発想です。

お互いに妥協して、相手も泣いて、自分も泣きます。

「双方がどれだけ損をするか」ということです。

未来の到達点を一緒に議論することで、双方が得をするウィンウィンの関係になれるのです。

39

痛いところを突かれたら、「そう来ましたか」より、「そこなんですよ」。

池上彰さんの話のうまさは、「いい質問ですね」以外にたくさんあります。

池上さんは、記者として鍛えられています。

記者は、相手が隠している情報を、とぼけたふりをして聞き出す力が必要です。

単に人前で話すのがうまいだけではないのです。

林修先生の話のうまさも、ナマの受験生を目の前にして、日々、鍛えられています。

そもそも授業を聞きたくない生徒に対して、むずかしい話をわかりやすく聞かせるのは大変です。

修羅場をくぐる中で、いろいろなワード、テクニックが生み出されるのです。

論理と論理の戦いで、必ず「ここを突かれたらイヤだな」というポイントがあります。

相手は、そこを突いてきます。

結果を出せない人は、ここで「そう来ましたか」と言って引き下がります。

池上さんは、「そこなんですよ」と言って、話の起点にします。

会話は、受身にならず、能動的であることです。

柔道で言う「押さば引け、引かば押せ」です。

イニシアチブを持った側に結果が落ちるのです。

「この商品は高いよね」と言われて「いや、高くないですよ」と言うのは、守勢にまわっています。

「そこなんですよ。なぜ高く設定されていると思いますか。なぜ高くても売れているんですか」と、相手が突いてきたところを自分の技の起点にすればいいのです。

痛いところを突かれた時用のロジックも用意しておきます。

ロジックを用意していないところを突かれたら、「そこなんですよ」と1拍あけ、相手のボールをトラップして、次の技を考えます。

サッカーの川渕キャプテンは、デッドマール・クラマーさんからこのトラップを教わりました。

デッドマール・クラマーさんが監督として来るまで、日本のサッカーにはトラップがありませんでした。

今から思うと、考えられません。

トラップは、サッカーの基本中の基本です。

日本人は、クラマーさんに教わることでトラップができるようになったのです。

「そこなんですよ」は、トラップです。

そこでいったんとめて、その1秒で切返しを考えます。

「そう来ましたか」という時点で、崩れているのです。

「そこなんですよ」と言うと、相手は「何か用意されているのかな」と思います。

追い詰められた時は、先に「いいアイデアがある」と言ってしまいます。

これがトラップです。

その時点でアイデアを思いついていなくてもいいのです。
「困った。どうしよう」と言った瞬間に、相手は一気に攻めてきます。
「いいアイデアがある」と言うことで、相手はとまってくれます。
こちらのボールになって、考える余裕が生まれるのです。

あの人を巻きこむ具体例

39

痛いという顔を見せない。

40

会話のイニシアチブを握ろう。

サッカーではボールの保持率が高いと余裕ができます。
相手がボールを持っている時間が長いと疲れます。
よけいな運動量が増えて、後半はガタガタになるのです。
会話にもボール保持率があります。

たとえば、お客様からクレームを言われます。
「どうしてくれるんだ」と言われて「どうすればいいんですか」と返すのは、自分が後手後手にまわって疲れます。

あの人を巻きこむ具体例

40 パンチに、前に出よう。

「じゃ、こうさせてくださいい」とか「お困りなんですよね。一緒に問題を解決していきませんか」と言っている間は、相手は待ってくれます。

ボールをこちらに渡してくれるのです。

ここで考える余裕ができます。

パンチを出された時に下がると、パンチはますます来ます。

パンチを出されたら前に出ていくのが、ボクシングの基本です。

パンチは「前によけて」いけばいいのです。

話し続けることが、イニシアチブを握ることではありません。その先を予測することが、イニシアチブを握ることなのです。

41 断りにくい話ほど、きっぱり、短く断る。

すべての話を受けることはできません。

断る話と受ける話をきちんと分けておかないと、結果が出せなくなります。

大切なのは、断る時に相手にイヤな感情を持たせないことです。

断りながら、相手との関係性を保ち、さらには相手との関係性をより強くしていくのです。

1回断ることで、その場ではプラスになっても、結果、関係が決裂したら、未来の利益を失って稼げなくなるのです。

結果を出せない人は、断る理由をたくさん挙げたら、相手は信じてくれるのではないかと考えます。

断る大義名分を立てようとするのです。

理由を挙げれば挙げるほど、相手はそれをクリアする方法を出してきます。

「今、忙しい」→「お時間はなんとかしましょう」

「予算がない」→「予算はなんとか考えさせてもらいます」

「上司が反対する」→「上司の方と一度お話しさせていただきます」

相手は「理由をそんなに出してくるということは、本当はやりたいと思っているからだ。これは脈がある」と思っています。

理由を出せば出すほど、「もうひと押しで契約できる」と期待させているのです。

断りたい人は、3つの理由をクリアされたら、さらに3つの理由を出します。

こじれてこじれて、結局はやらないのです。

「それなら最初からやりたくないと言って欲しかった」というオチで、関係は決裂します。

相手は、それをよそに行って話します。

「○○さんはひどい。やりたくないのにやりたいそぶりをした」と言われるのです。

はっきり断れない人は、いい人になろうとしています。

いい人は結果を出せません。

嫌われることを恐れて取り繕うことによって、結果、もっと嫌われます。


嫌われることを恐れない人は、爽やかです。

「こういうのをやりませんか」

「やらない」

「なんでやらないんですか」

「好きじゃないから」

「わかりました。じゃ、お好みの企画を持ってきます」

という流れになります。

「好きじゃない」というのは、どうしようもないのです。

こういう人は嫌われません。

マーケティング的にどうとか、今の景気の動静から見たらどうとか、上司がどうとか、いろいろまわりくどい言い方をして、「やりたいのはやまやまなんだけど」と言うのが、あとで一番こじれるのです。

断る時に好感が持てるのは、きっぱり短く断る人です。

そうすれば、相手に根に持たれないし、逆ギレもされません。

きっぱりというのは、「即」ということです。

相手の期待度からすると、断る時はＡＢＣＤＥの５段階があります。

「Ａ」はＯＫです。

「Ｂ」は、もう少し頑張ればなんとかなります。

「Ｅ」は、取りつく島もありません。

実は、「Ｅ」とわかるほうが営業している側はラクです。

それ以上の労力をかけなくてすむからです。

一番疲れるのは「Ｂ」です。

もう少しでなんとかなりそうなので、頑張って食い下がります。

そこでのやりとりは、最もムダになるのです。

理由のない断りは、食い下がりようがありません。

ムダなエネルギー、時間、お金、ストレスがないので、スムーズに次のアプローチに移れます。

ハッキリ断ってくれる人が、愛されるのです。

あの人を巻きこむ具体例

41

断る理由は、ひと言で言おう。

42 「そうですね」を挟むと、そのあとが、つくり話に聞こえる。

お立ち台インタビューで一番言ってはいけない言葉は、「そうですね」です。

テレビのコメンテーターで消えていく人は、「そうですね」から入る人です。

「そうですね」と1拍とって考えることで、会話のテンポが落ちます。

「この人は特に意見がないんだな」「その意見はムリヤリこの場で考えたんだな」と思われて、その話がウソくさく感じられるのです。

一流のコメンテーターは、「そうですね」とは言いません。

海外のスポーツ選手は、ジュニアのカレッジから、マスコミインタビューに答えるコミュニケーションの授業を受けています。

外国にも、サッカーのＪビレッジのようなところがあります。

あれはヨーロッパの学校をモデルにしてつくられています。

そこでの授業で、お立ち台インタビューで「そうですね」と言わないことを教えています。

ＴＶを見る時に、そういうことに気をつけて見ていると面白いのです。


もう1つ、結果を出せない人がしていることがあります。

「○○についてどうか思いますか」と聞かれた時に、「○○についてですか」と、質問を繰り返して時間を稼ごうとするのです。

これもテンポが遅くなります。

ＴＶは圧倒的にテンポが大切です。

ムダな言葉を言っている場合ではありません。

プロの話し手は、漫然と見ていると気がつきませんが、テンポがムチャクチャ速いのです。

だから、違和感なく聞けるし、見ていて、かったるく感じません。
滑舌がいいというより、速いのです。
肺活量があるからです。
プロの中にシロウトが入ると、よくわかります。
駅伝の横を、よくオッサンが走っています。
まったく追いついていません。
駅伝は時速20キロです。
時速20キロで20キロ走るのですから、とてつもないことです。
フィットネスクラブのマシンは、時速16キロまでしかありません。
駅伝は、TVで見ていると、まったく速そうに感じません。
なのに、隣で走っているオッサンが追いつけないのです。
結果を出せない人の会話は遅いのです。
まずは、自分の会話のテンポが遅いことに気づくことです。

あの人を巻きこむ具体例 42

「そうですね」を入れない。

遅い理由は、ムダな言葉が多いことです。

プロの話をテープ起こしすると、いかにムダな言葉がないかがわかります。

「あの人、早口だね」というのは、早口ではなく、ムダな言葉が多いだけです。

言葉としては、時速4キロぐらいです。

同じ会話でも、時速4キロと時速20キロの違いがあるのです。

その中に入ると、同じスピードで話せないと、ついていけないのです。

「そうですね」とか、相手の質問を反復する時点で、会話は遅くなります。

結果を出す人の会話は、圧倒的にムダな言葉がないのです。

それでいて、きちんと余裕を持って、間《ま》をとっています。

論理が明快で、スピードが速いのです。

43 チャンスをくれる人は、チャンス話を待っている。

結果を出す人の仲間入りをしなければ、結果を出すことができません。

結果を出す人が求めているのは、チャンスです。

稼ぐタネを求めているのです。

ということは、稼ぐタネの話をすると、その人たちの仲間入りができるのです。

結果を出せない人の話題のほとんどが、グチです。

「景気悪いですよね」

「何やっても、今はダメですね」

「この間、○○に行ってきました。いやあ、ダメですね」

と言うのです。
グチは稼ぐタネにはなりません。

情報化社会では、「景気が悪い」「儲かっていない」「間もなく潰れそう」という話が99％です。

だから、ネットの中で悪口や炎上が起こるのです。
グチをいくら聞いても、稼ぐタネにはなりません。
たとえば、「本が売れない」というグチがよくあります。
その話をいくらしても、単なる傷のなめ合いです。
結果を出す人は、ＴＶや新聞にあまり出ない、稼いでいる人の話をします。
うまくいっている話を引き出すことができるのです。
これが結果を出せる人の話のタネです。
こういう話は、ネットには流れません。
儲かっている人間は儲かっている人間、稼いでいる人間は稼いでいる人間、結果を出している人間は結果を出している人間とつき合っています。

結果を出している人の情報を持っていると、その人自身も結果を出している人だと判断されます。

それで結果を出している人の仲間入りができるのです。

独自の情報を持っていないと、ランキングには出てこない、稼げる話は見つかりません。

ランキングに出てくるのは、すでにみんなが知っている話です。

情報誌や新聞で「今、〇〇ブーム」というところに、チャンスはありません。

それは株価のピークです。

上り始めのきざしは、新聞には載らないのです。

結果を出している人たちは、上り始めの情報を求めています。

「うまいことをやった人が、こういうふうにやっている」という小さなタネを聞きたいのです。

あの人を巻きこむ具体例
43 グチより、チャンスを語ろう。

「これからブームになるであろうブームでない話」を、あの人は聞きたがっているのです。

「○○ブーム」というのは、ここから利ザヤを稼ぎたい人が、わざと出しているのです。

買う人がいるということは、売る人がいるのです。

ところが、ここから買う人もいます。

「今、○○ブーム」と新聞に出た時は、その株は売りです。

世の中のトレンドは、ブームになったら下り坂です。

ブームは、これからしぼんで下り坂に入るだけです。

ブームの話はいりません。

Chapter 5

面白い体験を探すのではなく、面白い話し方を学ぶ。

44

どこのレストランで食べたという話より、そこでの発見を語る。

情報化社会で一番多い情報は、「○○なう」という情報です。

ネットでは、近況報告が一番多く流れています。

近況報告は、商売のタネにはなりません。

結果を出す人は、アイデアを求めています。

「ディズニーランドなう」は、情報としては何もないのです。

「ディズニーランドで、今、工事をしているところがある」というのが情報です。

これを見つけられるかどうかです。

「工事の隠し方がうまい」とか「ディズニーランドに入って行くトラックが見つから

ない」というのも、大切な情報です。

あれだけ大量の物資があるはずなのに、入っていくトラックのルートが見えないのです。

結果を出せない人は、大体「景気が悪い」と言っています。

「その根拠はなんですか」と聞くと、「みんなそう言っているじゃないですか」と言うのです。

単なる雰囲気で、データの根拠がないのです。

中国の景気がいいとか悪いとか言いますが、こんな怪しげなデータはありません。

中国のＧＤＰは、そもそもとから根拠がないのです。

売上げが下がった報告をすると、首が飛びます。

多め多めで報告が上がって、最終的にはものすごい水増しになるのです。

どれぐらい水増しされているかもわからないのが、中国のＧＤＰです。

これは太平洋戦争当時の大本営発表と同じです。

「大勝利、敵空母、ほぼ撃沈」と言わないと、上から「何やってんだ」と怒られるのです。

アメリカの同じ空母が何回も沈んでいるという、おかしなことになります。

「敵空母エンタープライズ撃沈」という報告が、次の海戦でまた上がってくるのです。

敵の損害報告は、次の作戦を立てる上で一番大切な報告です。

これを是正しなかったことが、太平洋戦争で日本が負けた構図です。

何をもって景気の動向を見るかです。

これのプロが税務署です。

たとえば、飲食店を調べる時は、店の裏へまわります。

そこで捨てられた割箸と動いているおしぼりの量を調べることで、お客の数を割り出します。

それに大体の単価を掛けることで、「これだけごまかしていますね」ということがわかります。

データは具体的なほうがいいのです。

私の父親は商売好きです。

子どもの時に、父親と一緒にスーパーに行った時のことです。

父親は「このスーパーの景気がいいかどうかは、どこで見るのか」と聞きました。

私は「レジが行列だから、このスーパーは流行っている」と答えました。

そういう見方は浅いのです。

父親は「列は長くても、閉じているレジが多いから、ここは間もなくダメになる」と言いました。

閉じているレジが多いということは、人員を減らしているということです。

ここで見きわめられるのです。

景気がいいとか悪いとかいう漠然とした話より、根拠のある小さい情報、データに載らないアナログな情報が大切なのです。

あの人を巻きこむ具体例

44 近況報告より、アイデアを語ろう。

45 自分の興味ではなく、相手の興味で話す。

結果を出す人は、自分の興味のない話が聞ける人です。

結果を出せない人は、自分の興味のある話は聞きますが、興味のない話はあまり一生懸命聞けないのです。

今の20代は正直です。

「こういうの興味ある？」と聞くと、「興味ありません」と、ズバッと言います。

その時点で、会話だけでなく、関係が終わります。

ここで「興味のない話をどうやって聞けばいいんですか」という質問が出ます。

興味のある話しか聞かないとなると、会話が続く確率は1％未満です。

会話の99％は興味のない話です。

人間の興味には、それぐらい多様性があるのです。

「自分はたいていのことは興味がある。友達同士の話でも、99％は興味がある」と言う人がいます。

それは、「価値観が同じ」という、最初に絞り込まれた狭い世界の中で出てくる話だからです。

仕事においては、99％は興味のない話です。

営業では、お客様の話のほとんどは興味のない話です。

その話に「なんですか、それ」「教えてください」と食いついていくことによって、チャンスが生まれるのです。

女子会の会話からは利益は生まれません。

興味のある話しかしないからです。

女子会でみんなが楽しそうに話しているのは、相手の話を聞いていないからです。

ある女子会で、3人の女性が、それぞれずっと自分の話をしていました。

自分の話をすることに必死で、相手が自分の話を聞いていないことにも気づいていいません。

ある瞬間、3人が同時に「本当にねえ」というユニゾンになります。

それ以外は、みんな違う話をしています。

女子会で「その話、興味ない」と言うと、次は呼んでもらえません。

「興味ない」と言うのは、少なくとも相手の話を聞こうとしています。

そもそも人の話を聞かないのが女子会です。

「だからさあ」「そうなのよ」と言うのは、相手の意見に対してではなく、自分がさっき話したことに対する接続詞です。

まわりで聞いていると、全員が違う話をしているという不思議なことになります。

それでも場がまわっていくのは、全員が聞かない人だからです。

興味のない話こそ、チャンスなのです。

あの人を巻きこむ具体例

45 興味ない話こそ、真剣に聞こう。

46 聞き手が、話し手の前を走る。

偉い人からチャンスをもらいたいなら、自分は聞き手にまわります。

イニシアチブがあるのは、前を走っているほうです。

話し手が必ずしも聞き手の前を走っているとは限りません。

聞き手は、話し手の先を予測して、前にまわってキラーパスを受けます。

話がポンポンポンと前へ進んでいく時に、先まわりできる人は、「あいつは勘がいい」「人の話の本質がわかる」と評価されます。

相手のうしろを追いかけるだけでは、いつまでもイニシアチブは握れません。

聞き手がイニシアチブを握るためには、受身ではなく、能動で聞きます。

「この話は次にこれが来るぞ」と予測するのです。

たとえば、社長に「この間、ゴルフで困ったよ」と言われます。

「ゴルフって大変ですよね。遠くまで行かなくちゃいけないし」と言うのは、追いかけているだけです。

社長は、そんな話をしたいのではありません。

イニシアチブを握るワードは、「まさか」です。

「まさか」と振って、そのあとの予測を立てます。

この場合は簡単です。

「ホールインワンをやったんですか」と言えばいいのです。

「この間、ゴルフで困っちゃったよ」と言う人は、ホールインワンの話をしようとしているのです。

先読みできない人は、「今はゴルフよりフットサルですよ」と言ってしまいます。

その瞬間に、ホールインワンの話ができなくなります。

社長はホールインワンの話をしたかったのです。

ホールインワンの自慢話で、どれだけ酒が飲めるかということです。

この先、何年も、この話で引っ張っていけるのです。

そこでフットサルの話をする人は、先が読めていません。

「困ったと言うからには、その話はしたくないのだから、聞いてはいけない」と解釈したのです。

これは若い人に限りません。

いい年齢の人でも、「ご無理ごもっともです」「なるほど、なるほど」で聞いている人がいます。

話し方の本には「相づちを打ちましょう」と書いてあります。

相づちを打つ時も、後手にならないようにします。

「この間、銀座のクラブで参ったよ」と言われたら、「まさか、またモテましたね」と先手を打ちます。

ホテルのロビーで知合いに会った時に、「中谷君、仕事を一緒にやろうよ。今、ちょっとお金がいるんだ」と言われました。

「まさか、また新しい彼女ができたんですね」と言うことで、「そうなんだよ。帯が高いんだよ。帯どめはもっと高い」という展開になります。

「お金がいるんだよ」に対して、「景気が悪いですよね」という受けは、「まさか」にはなりません。

先まわりして相手の状況を想像することで、チャンスをつかめるのです。

あの人を巻きこむ具体例

46 受身ではなく、能動で話そう。

47 面白い体験を探すのではなく、面白い話し方を学ぶ。

「面白い話をしたいんですけど、それほど面白い話がない」と言う人がいます。
大切なのは、面白い体験ではなく、面白い気づきです。
みんながみんな、オーロラを見に行ったり、南極に行ったりするわけではないのです。
鶴瓶さんは、次から次へと面白い体験をしているイメージがあります。
それは、面白い話し方ができているからです。
日常生活の小さな話を、どれだけ面白くできるかです。
小さい話ほど面白くできます。

大きい話は話自体が大きいので、加工のしようがありません。

別のアングルで見ても面白いし、あるある感もあります。

「そういうことってありますよね」「へー、そんなことがあるんだ」ということで、相手は食いつくのです。

「この間、南極に行った」という話で、プッと笑うことは、なかなかありません。

シチュエーションが、すごすぎるからです。

身近にあった、誰しもに起こりそうなことのほうが共感を持てます。

「最近、何か面白いことあった？」と振られた時に、「面白い体験ですか」と繰り返した時点で、面白い話はないのです。

切口は「さっき、そこであったこと」です。

たとえば、お昼を食べた店で、生姜焼定食に、冷ややっこ100円、とろろ100円のオプションを頼みました。

店員の女性は「はい、わかりました」と言って、厨房に通す時に「ご注文をいただきました。生姜焼定食に、やっこと冷ややっこ」と言ったのです。

どういうものが出てくるか、楽しみです。

昨日行った中華料理屋さんは、「春巻でございます」と言いながら、おしぼりを出しました。

これはなんて受けようかと思いました。

気持ちはわかります。

前のテーブルに春巻を持って行ったか、次のテーブルに春巻を持って行こうとしていたのです。

おしぼりの形状は、春巻とかぶります。

どちらもありえそうなことで、絵が浮かびます。

「面白い話をしますよ」と言うと、ハードルが上がります。

大切なのは、面白い話し方であって、面白い体験ではないのです。


身近な話で、なだらかに相手に入っていけばいいのです。

あの人を巻きこむ具体例 47

普通の話を、面白く話そう。

48 言い切らない話は、聞く気が起こらない。

結果を出せない人は、婉曲表現が多いのです。

「○○みたいな」「と思います」「かもしれない」「多分○○」「6割方○○」という話では、人間は引き込まれません。

結果を出す人は、言い切っています。

言い切るためには勇気がいります。

迷いなく言い切ることで、聞き手は引き込まれていきます。

聞いている側としては、言い切ってもらえる話を聞きたいのです。

言い切ったとしても、100％はないことは、最初からわかっています。

だからこそ、言い切って欲しいのです。

正解を言おうとすると、「面白いと思います」とか「面白いかもしれない」という言い方になります。

そういう言い方は、何か腰砕けです。

面白いなら「面白い」、おいしいなら「おいしい」と言い切って欲しいのです。

あの人を巻きこむ具体例

48

「みたいな」より、言い切ろう。

49

接続詞は、最初ではなく、最後につける。

面白い人の話には接続詞がないのです。
文章でも、接続詞がないことで、グングン引き込まれます。
結果を出せない人の話は、逆説の接続詞が多いのです。
論理構成も逆接で成り立っています。
ボールが前に進まないで、うしろへうしろへと下がっていくのです。
結果を出す人は、順接の接続詞で進んでいきます。
順接の接続詞は、取っても問題ありません。
どんどん引き込まれて、ボールがゴールへゴールへ向かっていく勢いが感じられるので。

逆接の接続詞を使ったとしても、「こういうことなんですよ。だけど」で切って間をあけると、「何が来るんだ」と引き込まれていくのです。

結果を出せない人は、文章の頭に接続詞が来ます。「だけど」のあとにすぐに文章が来ると、引き込まれません。

結果を出す人は、接続詞を文章のお尻につけています。

「こういうことなんですよ。たとえば」と一気に言って間をあけると、「何が来るんだ」と気になるのです。

あの人を巻きこむ具体例

49

接続詞は、前の文章につけて話そう。

50 アイコンタクトで、パスがわかる。

結果を出せない人は、会話のチャンスを失っています。

本人は、チャンスを失っていることに気づきません。

話しかけられるのは、唯一無二のチャンスです。

トーク番組で、ひな壇の芸人が話ができるチャンスは3回ぐらいしかありません。

サッカーでは、90分の間にボールをさわっている時間は、1人当たり2分です。

それを逃したら、終わりです。

結果を出せない人は、話しかけられた時に、お辞儀・同調・おべんちゃら・あやふやな相づちで逃げています。

せっかくシュートを打てるチャンスなのに、シュートを打たないのです。

チャンスをつかめる人は、「自分のところに打ってこい」と、アイコンタクトをとっています。

相手の話をうわの空で聞いて、次に自分が話すことばかり考えていると、相手は「来たらどうしよう」と思っていると、アイコンタクトはとれません。

相手の話を聞いていれば、必ず次の意見が出てきます。

「自分の話を聞いてくれていない」と思います。

「どう思う？」と振られて「こう思います」と答えても、それはさっきの話です。

今の話とつながっていないのです。

サッカーでは、一緒に1つのボールを蹴りながら走っています。

そのボールが見えていることが、会話では大切です。

TV番組で何人かのコメンテーターが出る時に、結果を出す人は、ほかのコメンテーターの話を聞いています。

結果を出せない人は、自分が話すフリップやメモを見ています。

目が下を向いてはＮＧです。

手元の紙を見た瞬間、相手の緊張感は逃げてしまいます。

たこ糸を一度でも緩めたら、たこが落下するのと同じです。

常にその場にいる人を見ておくことです。

紙を見た瞬間に、終わりです。

自分が用意してきたことを全部話そうとする人は、次に言うことを紙を見て確認します。

３つのうち１つしか言えなくても、紙を見ないで最後まで話した人のほうが相手に通じます。

目を落とした状態で３つ言うことができても、１つも通じないのです。

紙を手元に置かないほうがいいのです。

あの人を巻きこむ具体例

50 お辞儀で逃げない。

51 話し終わりに、息を吸わない。

会話の間《ま》では、息を吸わないのが基本です。

立川談春さんの『赤めだか』の中に、談志師匠に稽古をつけてもらう時に「語尾を飲むな」とさんざん怒られたという話が出ていました。

「オレが言っているのは1個だけだ。語尾を飲むな」と言われたのです。

「語尾を飲むな」というのは、「言葉の言い終わりにブレスを入れない」ということです。

話のヘタな人は、話し終わったあとに息を吸います。

これで相手は緊張感がなくなります。

たとえば、「この商品は高いですけれども、値打ちがあります」と言ったあとに、間があきます。

ここで息をとめたまま相手を見ることで、説得できるのです。

話し手が息を吸った瞬間に、聞き手は逃げてしまいます。

男性が女性をホテルに誘う時も、「ホテルに行くよ」と言ったあとに息を吸うと、「帰ります」と言われます。

手品師が「よく見ていてください」と言ったあとも、息は吸っていません。

息を吸うと、イニシアチブを相手に握られます。

間《ま》は、何も言っていない時間ではありません。

言い終わったあとに、ブレスをガマンして、息をとめている状態です。

ほとんどの人が、言い終わったあとに、すぐ息を吸います。

鼻をすすっているのと同じで、緊張感がなくなるのです。

あの人を巻きこむ具体例

51 息をとめて、イニシアチブを握ろう。

52 間《ま》で息を吸うから、「えー」と「あのー」が入る。

ムダな言葉の代表例は「えー」と「あのー」です。

私は子どもの時に、母親に「『えー』と『あのー』は絶対言っちゃダメ」と、さんざん言われました。

私の実家はスナックです。

お客様の話で一番かったるいのは、「えー」と「あのー」です。

母親は、酔っぱらいの話をさんざん聞いていたので、子どもの「えー」「あのー」を許さなかったのです。

「えー」と「あのー」が入るのは、語尾で息継ぎをするからです。

言葉の終わりで息をとめると、次の話し始めの前に息を吸うことになります。

ここには「えー」「あのー」は入りません。

「えー」「あのー」を言っている間に、聞き手は離れていきます。

ブレスの説明は、間《ま》の取り方に入れていないのです。


ボイストレーナーの楠瀬誠志郎先生に、「中谷さんは言い終わったあとに息をとめているから、会話から離れられない。それはいいことです」と言われました。

言われてみると、たしかにそうです。

私は落語で話し方を見ています。

落語は、話し終わったあとに息をとめています。

知らずしらずのうちに、それを覚えたのです。

「えー」「あのー」は、取ろうと思っても取れません。

取ろうと思えば思うほど、よけい「えー」「あのー」を言ってしまいます。

ビジネススクールのビジネスコミュニケーションの講座でも、「えー」「あのー」の多い生徒には、あえて注意しないようにしています。

注意すると緊張して、よけいに「えー」「あのー」が増えるのです。

舞台の役者は「えー」「あのー」を言いません。

「えー」「あのー」があると、耳ざわりで、お芝居に感情移入できないからです。


シェークスピア劇には、王様がたくさん出てきます。

王様が「えー」「あのー」を言った瞬間に、威厳はなくなります。

シェークスピア劇は、朗々たるセリフで、膨大な量です。

そのセリフを、ブレスをできるだけ少なく読むのです。

そのため、イギリスでは俳優に呼吸法を教えています。

アメリカにはそれがないので、アメリカ人はシェークスピアができません。

山崎努さんは、「アメリカ人の役者がシェークスピアをやると、しゃっくりとあくびをしているみたいだ」と言っていました。

ブレスが多すぎるのです。

イギリスでは、シェークスピアの5行にもわたるセリフをノンブレスで言う呼吸法を教えています。

日本は、それを教えてくれる人がいません。

発声法はありますが、呼吸法がないのです。

話のうまい人は、呼吸法がきちんとできています。

まず、自分がマネをしたくなるようなお手本を持つことです。

そして、その人がどこで息継ぎをしているかを見ます。

これで圧倒的に間《ま》のとり方がうまくなります。

どこで間隔をとっているかではなく、どこで息継ぎをしているかが大切なのです。

肺活量を鍛えるためには、呼吸法を習ったほうがいいのです。

あの人を巻きこむ具体例

52

発声法より、呼吸法を習おう。

53

エピローグ

巻きこまないと、伝わらない。

会話で大切なのは、伝えることではありません。

その状況に引きずり込むことです。

面白い人は、交渉や説得がうまいのではなく、巻きこむのがうまいのです。

サニーサイドアップの次原悦子社長は、巻きこむ達人です。

私は次原さんに「○○を盛り上げる話をやりませんか。面白いから」という提案を持って行きました。

次原さんは「中谷さんと話していると、巻きこまれちゃうんですよね」と言っていました。

実は、私のほうが次原さんに心地良く巻きこまれているのです。
人間は、誰しも何かに巻きこまれたいのです。
気持ちいい人と話していると、巻きこまれます。
話しているというより、巻きこまれるのです。
話そう話そうとしていると、巻きこまれなくなります。
大切なのは、最終的に相手を自分の世界に巻きこむことです。
結果を出す人は、巻きこんでいく何かがあります。
面白い映画、面白い本、面白い話は、巻きこまれていきます。
メリットがあるかどうかではないのです。

結果を出す人は世界を持っています。
気がついたら、その世界へ巻きこまれているのです。
気がついたら長話になっています。
気がついたら長電話をしています。

「気がついたら、もうこんな時間」になるのです。
最初から長話をするつもりは、まったくありません。
巻きこまれる話は、時間と空間を忘れさせてくれるのです。
巻きこみあうことで、チャンスが生まれるのです。

あの人を巻きこむ具体例

53

伝えるのではなく、巻きこもう。

中谷彰宏主な作品一覧

『モテるオヤジの作法2』(ぜんにち出版)
『かわいげのある女』(ぜんにち出版)
『壁に当たるのは気モチイイ　人生もエッチも』(サンクチュアリ出版)
『ハートフルセックス』【新書】(KKロングセラーズ)
書画集『会う人みんな神さま』(DHC)
ポストカード『会う人みんな神さま』(DHC)

面接の達人(ダイヤモンド社)

『面接の達人　バイブル版』
『面接の達人　面接・エントリーシート問題集』

『いい女は「紳士」とつきあう。』
『ファーストクラスに乗る人の発想』
『いい女は「言いなりになりたい男」とつきあう。』
『ファーストクラスに乗る人の人間関係』
『いい女は「変身させてくれる男」とつきあう。』
『ファーストクラスに乗る人の人脈』
『ファーストクラスに乗る人のお金２』
『ファーストクラスに乗る人の仕事』
『ファーストクラスに乗る人の教育』
『ファーストクラスに乗る人の勉強』
『ファーストクラスに乗る人のお金』
『ファーストクラスに乗る人のノート』
『ギリギリセーーフ』

【ぱる出版】
『一流のウソは、人を幸せにする。』
『セクシーな男、男前な女。』
『運のある人、運のない人』
『器の大きい人、小さい人』
『品のある人、品のない人』

【リベラル社】
『一流の話し方』
『一流のお金の生み出し方』
『一流の思考の作り方』
『一流の時間の使い方』

【秀和システム】
『一流の人は、○○しない。』
『ホテルで朝食を食べる人は、うまくいく。』
『なぜいい女は「大人の男」とつきあうのか。』
『服を変えると、人生が変わる。』

【水王舎】
『「人脈」を「お金」にかえる勉強』
『「学び」を「お金」にかえる勉強』

『一流の人のさりげない気づかい』(KKベストセラーズ)
『なぜあの人は40代からモテるのか』(主婦の友社)
『輝く女性に贈る　中谷彰宏の運がよくなる言葉』(主婦の友社)
『名前を聞く前に、キスをしよう。』(ミライカナイブックス)
『ほめた自分がハッピーになる「止まらなくなる、ほめ力」』(パブラボ)
『なぜかモテる人がしている42のこと』(イースト・プレス　文庫ぎんが堂)
『一流の人が言わない50のこと』(日本実業出版社)
『輝く女性に贈る　中谷彰宏の魔法の言葉』(主婦の友社)
『「ひと言」力。』(パブラボ)
『一流の男　一流の風格』(日本実業出版社)
『変える力。』(世界文化社)
『なぜあの人は感情の整理がうまいのか』(中経出版)
『人は誰でも講師になれる』(日本経済新聞出版社)
『会社で自由に生きる法』(日本経済新聞出版社)
『全力で、1ミリ進もう。』(文芸社文庫)
『「気がきくね」と言われる人のシンプルな法則』(総合法令出版)
『なぜあの人は強いのか』(講談社＋α文庫)
『3分で幸せになる「小さな魔法」』(マキノ出版)
『大人になってからもう一度受けたい コミュニケーションの授業』(アクセス・パブリッシング)
『運とチャンスは「アウェイ」にある』(ファーストプレス)
『大人の教科書』(きこ書房)

中谷彰宏主な作品一覧

『お金は、後からついてくる。』
『中谷彰宏名言集』
『30代で出会わなければならない50人』
『20代で出会わなければならない50人』
『あせらず、止まらず、退かず。』
『明日がワクワクする50の方法』
『なぜあの人は10歳若く見えるのか』
『成功体質になる50の方法』
『運のいい人に好かれる50の方法』
『本番力を高める57の方法』
『運が開ける勉強法』
『ラスト3分に強くなる50の方法』
『答えは、自分の中にある。』
『思い出した夢は、実現する。』
『面白くなければカッコよくない』
『たった一言で生まれ変わる』
『スピード自己実現』
『スピード開運術』
『20代自分らしく生きる45の方法』
『受験の達人2000』
『大人になる前にしなければならない50のこと』
『会社で教えてくれない50のこと』
『大学時代しなければならない50のこと』
『あなたに起こることはすべて正しい』

【PHP研究所】
『メンタルが強くなる60のルーティン』
『なぜランチタイムに本を読む人は、成功するのか。』
『なぜあの人は余裕があるのか。』
『中学時代にガンバれる40の言葉』
『叱られる勇気』
『中学時代がハッピーになる30のこと』
『頑張ってもうまくいかなかった夜に読む本』
『14歳からの人生哲学』
『受験生すぐにできる50のこと』
『高校受験すぐにできる40のこと』
『ほんのささいなことに、恋の幸せがある。』
『高校時代にしておく50のこと』
『中学時代にしておく50のこと』

【PHP文庫】
『もう一度会いたくなる人の話し方』
『お金持ちは、お札の向きがそろっている。』
『たった3分で愛される人になる』
『自分で考える人が成功する』
『大学時代しなければならない50のこと』

【だいわ文庫】
『「つらいな」と思ったとき読む本』
『27歳からのいい女養成講座』
『なぜか「HAPPY」な女性の習慣』
『なぜか「美人」に見える女性の習慣』
『いい女の教科書』
『いい女恋愛塾』
『やさしいだけの男と、別れよう。』
『「女を楽しませる」ことが男の最高の仕事。』
『いい女練習帳』
『男は女で修行する。』

【学研プラス】
『嫌いな自分は、捨てなくていい。』
『美人力』

【阪急コミュニケーションズ】
『いい男をつかまえる恋愛会話力』
『サクセス&ハッピーになる50の方法』

【あさ出版】
『「いつまでもクヨクヨしたくない」とき読む本』
『「イライラしてるな」と思ったとき読む本』

【きずな出版】

『「超一流」の行動術』
『「超一流」の勉強法』
『「超一流」の仕事術』

【PHP研究所】
『［図解］お金も幸せも手に入れる本』
『もう一度会いたくなる人の聞く力』
『もう一度会いたくなる人の話し方』
『【図解】仕事ができる人の時間の使い方』
『仕事の極め方』
『【図解】「できる人」のスピード整理術』
『【図解】「できる人」の時間活用ノート』

【PHP文庫】
『中谷彰宏　仕事を熱くする言葉』
『入社3年目までに勝負がつく77の法則』

【オータパブリケイションズ】
『せつないサービスを、胸きゅんサービスに変える』
『レストラン王になろう2』
『改革王になろう』
『サービス王になろう2』
『サービス刑事』

【あさ出版】
『気まずくならない雑談力』
『人を動かす伝え方』
『なぜあの人は会話がつづくのか』

【学研プラス】
『チャンスをつかむプレゼン塾』
文庫『怒らない人は、うまくいく。』
『迷わない人は、うまくいく。』
文庫『すぐやる人は、うまくいく。』
『シンプルな人は、うまくいく。』
『見た目を磨く人は、うまくいく。』
『決断できる人は、うまくいく。』
『会話力のある人は、うまくいく。』
『片づけられる人は、うまくいく。』
『怒らない人は、うまくいく。』
『ブレない人は、うまくいく。』
『かわいがられる人は、うまくいく。』
『すぐやる人は、うまくいく。』

【リベラル社】
『問題解決のコツ』
『リーダーの技術』

『一流のナンバー2』(毎日新聞出版)
『なぜ、あの人は「本番」に強いのか』(ぱる出版)
『「お金持ち」の時間術』(二見書房・二見レインボー文庫)
『仕事は、最高に楽しい。』(第三文明社)
『「反射力」早く失敗してうまくいく人の習慣』(日本経済新聞出版社)
『伝説のホストに学ぶ82の成功法則』(総合法令出版)
『リーダーの条件』(ぜんにち出版)
『成功する人の一見、運に見える小さな工夫』(ゴマブックス)
『転職先はわたしの会社』(サンクチュアリ出版)
『あと「ひとこと」の英会話』(DHC)

恋愛論・人生論

【ダイヤモンド社】
『なぜあの人は感情的にならないのか』
『なぜあの人は逆境に強いのか』
『25歳までにしなければならない59のこと』
『大人のマナー』
『あなたが「あなた」を超えるとき』
『中谷彰宏金言集』
『「キレない力」を作る50の方法』

中谷彰宏主な作品一覧

ビジネス

【ダイヤモンド社】
『50代でしなければならない55のこと』
『なぜあの人の話は楽しいのか』
『なぜあの人はすぐやるのか』
『なぜあの人の話に納得してしまうのか[新版]』
『なぜあの人は勉強が続くのか』
『なぜあの人は仕事ができるのか』
『なぜあの人は整理がうまいのか』
『なぜあの人はいつもやる気があるのか』
『なぜあのリーダーに人はついていくのか』
『なぜあの人は人前で話すのがうまいのか』
『プラス1%の企画力』
『こんな上司に叱られたい。』
『フォローの達人』
『女性に尊敬されるリーダーが、成功する。』
『就活時代しなければならない50のこと』
『お客様を育てるサービス』
『あの人の下なら、「やる気」が出る。』
『なくてはならない人になる』
『人のために何ができるか』
『キャパのある人が、成功する。』
『時間をプレゼントする人が、成功する。』
『ターニングポイントに立つ君に』
『空気を読める人が、成功する。』
『整理力を高める50の方法』
『迷いを断ち切る50の方法』
『初対面で好かれる60の話し方』
『運が開ける接客術』
『バランス力のある人が、成功する。』
『逆転力を高める50の方法』
『最初の3年その他大勢から抜け出す50の方法』
『ドタン場に強くなる50の方法』
『アイデアが止まらなくなる50の方法』
『メンタル力で逆転する50の方法』
『自分力を高めるヒント』
『なぜあの人はストレスに強いのか』
『スピード問題解決』
『スピード危機管理』
『一流の勉強術』
『スピード意識改革』
『お客様のファンになろう』
『大人のスピード時間術』
『なぜあの人は問題解決がうまいのか』
『しびれるサービス』
『大人のスピード説得術』
『お客様に学ぶサービス勉強法』
『大人のスピード仕事術』
『スピード人脈術』
『スピードサービス』
『スピード成功の方程式』
『スピードリーダーシップ』
『大人のスピード勉強法』
『一日に24時間もあるじゃないか』
『出会いにひとつのムダもない』
『お客様がお客様を連れて来る』
『お客様にしなければならない50のこと』
『30代でしなければならない50のこと』
『20代でしなければならない50のこと』
『なぜあの人の話に納得してしまうのか』
『なぜあの人は気がきくのか』
『なぜあの人はお客さんに好かれるのか』
『なぜあの人は時間を創り出せるのか』
『なぜあの人は運が強いのか』
『なぜあの人にまた会いたくなるのか』
『なぜあの人はプレッシャーに強いのか』

【ファーストプレス】
『「超一流」の会話術』
『「超一流」の分析力』
『「超一流」の構想術』
『「超一流」の整理術』
『「超一流」の時間術』

「本の感想など、どんなことでも、
あなたからのお手紙をお待ちしております。
僕は、本気で読みます。」

中谷彰宏

〒160-0023　東京都新宿区西新宿6-15-1 ラ・トゥール新宿511
水王舎気付　中谷彰宏行
※食品、現金、切手などの同封は、ご遠慮ください（編集部）

中谷彰宏は、盲導犬育成事業に賛同し、この本の印税の一部を（財）日本盲導犬協会に寄付しています。

【著者略歴】
中谷彰宏（なかたに・あきひろ）
1959年、大阪府生まれ。早稲田大学第一文学部演劇科卒業。84年、博報堂に入社。CMプランナーとして、テレビ、ラジオCMの企画、演出をする。91年、独立し、株式会社中谷彰宏事務所を設立。ビジネス書から恋愛エッセイ、小説まで、多岐にわたるジャンルで、数多くのロングセラー、ベストセラーを送り出す。「中谷塾」を主宰し、全国で講演・ワークショップ活動を行っている。
■公式サイト　http://www.an-web.com/

結果を出す人の話し方

2016年10月10日　第一刷発行
著　者　中谷彰宏
発行人　出口 汪
発行所　株式会社 水王舎
〒160-0023
東京都新宿区西新宿6-15-1 ラ・トゥール新宿511
電話　03-5909-8920
本文印刷　慶昌堂印刷
カバー印刷　歩プロセス
製本　ナショナル製本
ブックデザイン　井上祥邦
編集協力　土田修
編集統括　瀬戸起彦（水王舎）

ISBN978-4-86470-061-0 C0095

中谷彰宏の本

「人脈」を「お金」にかえる勉強

中谷彰宏・著

一度に大勢と会うよりも、
1人ずつ会おう。

人生のステージがアップする52の具体例

昼休みにさっさとランチを済ませてしまう人、仕事でメモを取らない人は実はチャンスを逃している!　出会いをそのままで終わらせない、ミリオネアの「稼げる人間関係」とは!?

定価（本体1300円＋税）
ISBN 978-4-86470-037-5

「学び」を「お金」にかえる勉強

中谷彰宏・著

学び方を学ぶ人が、稼ぐ。

稼げるようになる53の具体例

学校では教えてくれない本当の「学び」のヒントが詰まった一冊。
年収1億円以上稼ぐ人の考え方が理解でき、ミリオネアに近づくことができる!

定価（本体1300円＋税）
ISBN 978-4-86470-029-0